subculture

黑客

比特世界的幽灵

顾亦周 著

苏州大学出版社

图书在版编目(CIP)数据

黑客：比特世界的幽灵 / 顾亦周著. —苏州：苏州大学出版社，2012.5
(新媒介与青年亚文化 / 马中红主编)
ISBN 978-7-5672-0027-2

Ⅰ.①黑… Ⅱ.①顾… Ⅲ.①青年—亚文化—研究
Ⅳ.①C913.5

中国版本图书馆 CIP 数据核字(2012)第 070714 号

黑客 比特世界的幽灵

著　　者　顾亦周
丛书策划　沈海牧　李寿春
责任编辑　欧阳雪芹
装帧设计　吴　钰
出版发行　苏州大学出版社
地　　址　苏州市十梓街 1 号
邮　　编　215006
电　　话　0512-65225020　65222617(传真)
网　　址　http://www.sudapress.com
印　　刷　南通印刷总厂有限公司
开　　本　700 mm×1 000 mm　1/16　印张 13.25　字数 164 千
版　　次　2012 年 5 月第 1 版
　　　　　2012 年 5 月第 1 次印刷
书　　号　ISBN 978-7-5672-0027-2
定　　价　28.00 元

总序

青年亚文化作为一种普遍而又独特的文化现象，是人类社会文化结构中必然的不可或缺的组成部分。相对于主流文化，青年一代的文化以其青春性、多变性和挑战性的特性有别于位居社会主体的成人文化；而相对于基本认同主流价值的青年文化，青年亚文化则具有非主流、边缘性的“亚”文化或“次”文化特征。事实上，青年亚文化是一种世界性的青春文化现象，就其实质而言，它所反映的是成人世界与青春世界、父辈一代与子一代之间那种永恒的矛盾和张力关系。尽管在不同的时空语境下，这对关系往往以不同的方式表现出来，譬如反抗、冲突、偏离、协商、另类，等等，但是，它所呈现的那种青春期的迷惘、矛盾、寻觅冲动以及身份认同的困扰始终是青年亚文化的历史宿命，无论社会的意识形态如何统一和强大，这类青年亚文化或多或少总会以某些方式表现出来。

在中国现代文化史上，诸如“五四”青年文化运动、“一二·九”风暴，甚至红卫兵运动，都在一定程度和某个侧面显现了那个时代的青年亚文化症候。但就整体而言，一直到 20 世纪 80 年代之前，现代中国的青年文化更多的还是以认同和追随主流文化、成人文化的方式出现，那种典型的具有世界普遍性的青年亚文化现象并不突出。但是，伴随着改革开放和中国与世界文化的接轨，在短短 30 年的时间里，中国青年亚文化发生了巨大变化，时至今日，已经成了当代中国青年文化的重要组成部分。

如果说，20 世纪 80 年代初的青年亚文化从备受压制到浮出地表，在传统的媒介语境中以各种个性化的另类形象出现和发展，并得到社会的理解和宽容，主要是得益于经济体制转轨和思想解放运动，那么，进入 21 世纪的今天，青年亚文化的发展则在很大程度上有赖于以互联网为标志的信息技术革命，是突飞猛进的科学技术对青年日常生活的渗透和全球化的必然结果。如今，80 年代形成的第一波青年亚文化族群/类型已成为追忆中的昔日辉煌，而新媒介支持下的今日青年亚文化才刚刚拉开序幕。但令人震撼的是，新媒介对当今青年亚文化的影响，无论是在力度上还是在广度上都已远远超出了媒介技术的层面，进而关涉到当代中国青年亚文化特质的变异及其走向，故而特别引人瞩目。

一

从文化赖以生存的媒介和技术环境方面看，当下以互联网为核心的新媒介对社会文化生态的全方位渗透，开始明显地推动今日中国的整体文化向着开放、民主和文化多元的方向转变，同时整体文化的存在形态也在向"数字化生存"方向转向。新媒介不仅为传统文化类型的"转型"提供了广阔的空间，而且催生了一系列新的文化类型，其中，青年亚文化是最为突出的景观。当各种各样的"客"，例如博客、播客、闪客、换客等轮番上场，当各种"社区""论坛"喧闹于网上，当 IM(即时通信工具)、SNS(社交网络服务)、微博备受青睐，当网上购物成为风潮，当"搜索""自拍""黑客"等所有这些网络技术和文化实践成为青年亚文化习以为常的社会参与及其表达方式时，青年群体正在演绎和展示着的，是一个完全不同于以往的"虚拟现实"。可以这么说，网络媒介为中国当代各种青年亚文化的外来接受，本土生成发展和迅速传播提供了前所未有的开放式、无边界、多媒介的物理空间和相对平等、自由、开放的精神空间。如今,新媒介已经成了中国青年亚文化生长的肥沃良田和迅猛扩张的异度空间,成为新型青年亚文化传播的利器和青年一代寻找志同道合者、建构文化族群和部落的文化场域。

网络媒介的全面立体覆盖、低廉成本及使用的便捷,使中国大量青年群体的日常行为和生活方式与网络媒介牢固地绑定在一起,网络成为了他们的"良师益友"和"亲密伙伴",有的甚至发展到须臾不能离开。一项由美国互联网公司 IAC(Inter Active Corp)和智威汤逊(J. Walter Thompson)广告公司合作,用双语进行的调查研究发现,与美国青年相比较,中国青年更依赖于数字技术,有 80%的中国青年认为数字技术是自己生活的必要组成部分,其中 42%的人觉得自己"上网成瘾",而美国青年中持这种想法的则分别为 68%和 18%。与此同时,该调查还发现,网络在中国青年人的社会生活和情感世界中扮演着极为重要的角色。77%的受访者说,他们通过网络交友;54%的人表示他们曾经通过网络即时信息进行约会;63%的人认为,两个人即使永不见面,也可能在网络上建立起真实的关系。而在美国青年人中,相信网络情感真实性的只占 21%。这一新的媒介语境及生存方式,的确为社会转型时代的中国青年亚文化的创建和发展提供了一个全新的生存空间和表现舞台,中国青年亚文化在经历了"文革"时期的"地下活动"和改革之初的"地表活动"之后,终于被媒介技术的推手带入了"无限活动"的新阶段。当下,青年亚文化作为被互联网率先激活的文化类型,已借助新媒介全方位启动了自身的文化建设,并且情不自禁地成为文化与技术深度联姻的实验产品。

而从青年亚文化自身的交流系统来看,一方面,新媒介正在历史性地改写着青年亚文化与主流文化之间的关系;另一方面,新媒介对青年亚文化构成要素的技术重组和创建,催生了新型的表达方式。

以伯明翰学派为代表的传统青年亚文化理论基本上是先验地预设了青年亚文化对主流文化的抵抗性和依存性的双重特性。譬如,科恩对伦敦东区工人阶级子弟的研究揭示,青年亚文化对工人阶级母体文化表现出表面的拒绝或反抗,却又有内在的依存和继承。威利斯对嬉皮士青年亚文化的研究表明,青年亚文化与中产阶级文化之间始终存在一种"结构性对立关系"。克拉克依据对特迪文化的深入研究也发现,"亚文化作为一种非官方的文化形式,拼贴所产生的亚文化风格的意义就必然处于和统治阶级意识形态相对立的地位"。诸如此类的"抵抗"观和"依存"观诞生于前互联网时代,研究的是现实世界中的青年亚文化实践活动,而以此观点来观照和解读新媒介时代的青年亚文化,难免捉襟见肘,力不从心。新媒介时代的青年亚文化,往往更长于表征似乎完全属于自我化或虚拟化的感性世界,而不是公然地"抵抗"现实间存在的文化形态,更不愿意与父辈或权威文化发生正面的"冲突";它们不仅抹去了横亘在主流和非主流之间的森严界限,隔断了主体与现实之间的人文关注,而且有时候还经常颠倒真实与虚拟的逻辑关系,将真实虚拟化、虚拟真实化。

我们必须意识到的是,出生并成长于网络时代的青少年群体,天生就与网络、手机等新媒介结缘,他们通过新媒介接受的信息和文化远远多于传统主流渠道,如大众传播媒介、学校教育、父辈传承。传统主流渠道对他们精神成长的影响或许将日趋式微。与此同时,他们通过琳琅满目的新技术和新媒介产品,如 iPad、智能手机、微博、社交网络、视频分享网站、在线游戏等,畅通地传递着自己创造的文化,在信息传播、交友、玩耍和自我表达的世界中追求自治与认同。于是,青年亚文化的实践活动最终成为一种自我宣泄、自我表现、自我满足的技术方式和文化意义，网络媒介的开放性、无中心性消解了现实世界中权威、主流、父辈等对青年加以掌控的可能性，或者说，网络媒介为青年亚文化的生成、发展提供了最为自由、宽松的逃避主流文化压抑的“庇护所”。

在青年亚文化构成要素的技术重组和创建方面，网络媒介以“数据”“图像”“多媒介视频”的技术特质为基础，创建了一个互动、复制、仿真和拟像的世界，一个全然不同于以往的世界。正如鲍德里亚所言，在模型、符码、符号建构的类像世界里，模型和真实之间的差别被销蚀，形象与真实之间的界限被内爆，人们从前对真实的那种体验以及真实的基础也一起宣告消失。新媒介的技术特征正在将众多非自然的、非真实的事项、文化和意义成分引入赛博空间，并且运用超文本或者超媒介的技术，为青年亚文化与外部现实世界的断裂创造出了一种“自然”的表现空间，遮蔽了人与现实真实关系的呈现，促成了青年亚文化表达方式的图像化转型。如此，即使在中国这样一个传统文化与现代、后现代多元文化并存的国度里，人与其创造出来的各种社会文化意蕴之间，也同样不再是传统媒介时代那种明晰的主客关联关系，或文化符号与现实世界的直接对应关系了，而是更多地通过图像符号的表征系统去消解原有的话语体系，用多媒介符号去解构既存的文化类型和文化理念。

在这种社会和技术语境条件下，中国当代青年亚文化便以空前活跃的姿态走上了网络空间的前台，而使传统意义上的青年亚文化类型迅速移位于后台，蜕变成了所谓前新媒介时代的过气文化遗存。如果说，新媒介、新技术果真如麦克卢汉所说的那样“构成了社会机体的集体大手术”，那么，毫无疑问，青年群体是这种大手术的率先操刀者。他们张开双臂，热情扑向新媒介，并借助新媒介、新技术来创造出属于自身的新的文化样式，青年亚文化在以互联网为基础的新媒介的激发下，正在如火如荼地燃烧。

二

以互联网为主体的新媒介对青年亚文化发展的影响力比此前几乎所有的媒介都要广泛、深刻和迅捷得多——这不仅包括影响到青年亚文化的多样性和传播方式，也包括它所提供的亚文化文本的存在形式和功能模式，还有亚文化生存、生长的整个生态环境和文化语境，这些都促成了青年亚文化的盛行。

首先，借助网络媒介的快速成长和迅捷普及，青年亚文化已经从相对封闭的“小众团体”走向开放的“普泛化”的整体青年社会。以计算机网络为代表的数字媒介，从开发之初就预设了兼容和平权的机制，技术的“傻瓜化”强化了“网络世界人人平等”的可操控性，而友好的计算机界面和人性化的网络空间，模糊了现实社会中身份、性别、收入、学历所带来的多重差异，最大限度地吸纳青少年群体的加入，激发了社会不同阶层青年群体参与文化创造的热情，从而让亚文化从传统的另类、小团体模式中突围而出，成为青年群体共同参与、共同分享的文化。与此同时，网络、手机等新媒介的普及以及信息资费的低廉化趋势，冲破了青少年使用新媒介的经济壁垒，更提供了亚文化生产、传播和共享的“普泛化”和“即时性”的媒介工具。

这里所谓由“小众”走向“普泛”，其实质就是使青年亚文化的话语权回归青年本体，尤其是将青年的媒介话语权交还给青年阶层。长期以来，青年是被基于成人价值观和世界观所建构的成人文化话语来强行描述，而不是由青年自己的语言来编码的。比如，芝加哥学派关注的工人阶级青年亚文化，伯明翰学派聚焦的中产阶级青年亚文化，以及对中国 20 世纪 80 年代以来的摇滚和地下纪录片的研究等，这些青年亚文化的研究，尽管也突出了青少年边缘化的问题，但由于研究者基本上是来自于中产阶级的成人学者，因此，他们难免将青少年群体传奇化，并且忽略那些真正意义上的“普通孩子”，从而使青年亚文化生产和传播被不同程度地圈定在某个阶层或者某个文化小圈子之内。同时，由这些成人学者的话语出发，青年亚文化往往被贴上类似这样的流行标签：主流派、非主流派、危险人物，等等。然而，网络技术传播重构的新公共空间却能够向几乎所有的青年群体，甚至向游离于亚文化圈子之外的青年人群开启，从而确立了青年亚文化的普泛化存在和传播。尽管目前网络青年群体基本上还囿于“都市青年”“知识青年”，但也不乏“低知分子”和“打工族”，可以说，网络媒介青年亚文化的普泛化趋势是青年亚文化的一大进步，也是青年群体文化创造力的一次解放。这种由青年群体广泛参与的青年亚文化的意义，还在于它削弱了传统媒介镜像下和主流意识形态话语中关于青年亚文化的“道德恐慌”评价和“妖魔化”的叙述，也溢出了基于意识形态对抗和阶级斗争理论而对青年亚文化的界说和肯定，它们在更大的程度上是通过新媒介技术而自我界定、自我指涉并直接呈现，从而具有更多属于青年亚文化主体的言说权利。而这一事实当然也“逼迫”着青年亚文化主体言说之外的亚文化理论进行调适和修正。

其次，青年群体通过熟谙地使用新的媒介技术为自身赢得了更为广阔和自由的“书写”空间。比如，网络媒介所特有的虚拟性和匿名性，就为青年亚文化提供了表达的自由通路，而自由表达则始终是青年亚文化得以生产和传播的基本前提，它可以使青年据此克服青春期的怯弱、羞涩、拘谨和不成熟忧虑，不忌惮来自成人世界的监视和压抑，充分自由地去表达自我。毫无疑问，是新媒介为青年亚文化插上了自由的翅膀，为亚文化充分地享受自由、表达自由提供了无人可阻挡的强劲动力和安全表达平台。

再次，青年亚文化通过新媒介技术的多媒介、多兼容、多互动的诸种特性，突破了传统亚文化风格的表达惯例，获得了更自如的、多样化的表达方式，从而形成了独特的青年亚文化风格。在新媒介中，那些新的技术呈现和表达方式，比如，媒介由语言文字符号、声音符号和影像符号向综合的数字符号转变，致使文化的表达突破了对单一媒介的依赖，实现了青年亚文化表征符号的“脱胎换骨”。传统意义上亚文化的“符号”，主要体现在青年们的衣着方式、独特的言行风格以及所喜欢的音乐类型等方面。如赫伯迪格笔下的朋克族，“额上的卷发和皮夹克、小羊皮软底男鞋和尖头皮鞋、橡胶底帆布鞋和帕卡雨衣、摩登族的平头和光头仔的步伐、紧身瘦腿和色彩鲜艳的袜子、紧身短夹克和笨重的街斗钉靴，这乱糟糟的一切物体能够既‘各就各位’，又显得‘不合时宜’，这多亏有了惊世骇俗的黏合剂——安全别针与塑料衣、既令人畏惧又让人着迷的缚皮带与绳索”。而当下的青年亚文化主体却压根并不希冀借助这些出格的外在“行头”来表达亚文化的“风格”和意义，他们更青睐于使用网络媒介所带来的新技术手段和技术装置去表情达意，而将真实的主体形象以匿名的方式掩藏在赛博空间里。除了通过风格化的音乐表达自我外，更多的技术和手段随着网络媒介的发展被不断开发和利用，如 Flash 动画、在线游戏、动态相册、多媒介视频软件以及 MSN、QQ 等在线聊天工具、Twitter 和微博、搜索技术等。掌握这些技术的青年人不再拘泥于某一种表达方式，而是杂糅了文字、图像、影像、声音等多媒介手段，轻松自如地参与到亚文化的生产和传播中。

最后，与上一点密切相关的是，青年亚文化的文化类型也迅疾由单一走向多元，致使基于网络新媒介技术的青年亚文化类型层出不穷、此消彼长。当下，网络媒介上盛行的自拍文化、恶搞文化、迷文化、搜索文化、黑客文化、御宅族文化、游戏文化、同人女文化、Cosplay 文化等，无不寄生于网络，活跃于网络。而掌握了新媒介技术的一代青年人甚至以网络技术为“武器”，在自我与成人世界之间筑起一道自我保护的“高墙”。这种通过技术壁垒逃避和主动隔绝主流意识形态以及成人世界的文化钳制，在虚拟“高墙”之内演绎别样人生的青年文化态势，只有在网络技术时代才得以成为现实。

另外，新媒介的发展也促成了青年亚文化传播方式的根本改变。其中最突出的，是由单向传播转换成多向交互式传播，由滞后性传播转换成即时性传播，除此之外，青年亚文化实践活动和文本内容的便捷上传、下载和在线生成，传播者和受众角色的合成及互为转换，虚拟空间与现实社会的互动聚合，均从物质、时间、空间、技术等多方面突破了原有的社会和技术性藩篱，真正在青年亚文化中间实现了几乎是无障碍的传播。

三

毫无疑问，上述新媒介语境下形成的青年亚文化的存在和传播方式，已经赋予青年亚文化崭新的文化实践意义，其中，最典型的莫过于青年亚文化“抵抗”精神的弱化乃至失落，以及亚文化自身多样化与娱乐化、全球化与消费主义的特质，这些导致青年亚文化步入极具后现代特征的“后亚文化”时代。

一如鲍德里亚、利奥塔、哈维等声称的那样，后现代文化的一个重要特征是资本在全球范围内更深层次的渗透和均质化。这些过程同时也产生了更进一步的文化碎裂、时空经验的改变以及经验、主体性和文化的新形式。换言之，网络媒介的无深度感、暂时性、分裂性和全球化特征，促使在其基础上生成和传播的青年亚文化不再可能抵抗任何单一的政治体系、主流阶级和成年文化，他们甚至不同程度地弱化了这一文化的某些“抵抗”的特质。因此，如果依然在反抗/抵抗的层面上去认识网络媒介下的青年亚文化，便显得圆凿方枘、扞格不通了，因为我们所处的世界早已发生“裂变”，二元对立和某一主流文化始终居高临下的观念也已被多元文化观念所取代。

我们看到，新媒介语境中的青年亚文化特质，在传统的“阶级”和“年龄”之外，其可变因素也呈现出空前的多元性和复杂性，诸如身体、性别、种族、民族、时尚、图像等关键词，不断进入当代青年亚文化的内核和意义场域。也就是说，新媒介催生出的青年亚文化已经不再单单囿于某种风格鲜明而固化的文化类型，相反，许多特征明显不同的青年亚文化类型共时性地陆续呈现，甚至此起彼伏，随着时间的流逝，它们不断出现、繁盛，进而消失，终而复始，生生不息。青年人也不再仅仅将自己执着地归属于某一种亚文化类型，他们经常从一种亚文化类型转向另一种亚文化类型，或者同时属于几种亚文化类型，实际上建立起了法国社会学家米歇尔·马菲索里所说的“新部落”，即社会群体之间的识别不再依赖于阶层、性别和宗教等传统的结构因素，消费方式成为个人创造当代社交以及小规模社会群体的新形式，“新部落没有我们熟悉的组织形式的硬性标准，它更多地是指一种气氛，一种意识状态，并且是通过促进外貌和‘形式’的生活方式来完美呈现的”。这种新社交方式鼓励个人以不同的角色、性别、身份自由地参与多个流动的、临时的、分散的而非固定的部落，从而在部落之间动态地、灵活地定位自我。

事实上，不同阶层、教育、社会环境中的青年人总是分属于各种明显不同的群体，他们在观念、价值观和意识形态上都有着极大的差异性、多样性和异质性。恰如有着中国和加拿大双重血统的学者卢克所指出的，在后现代时期成长的青年，“大约要经历 16 到 18 个不同的世界……这就像是在不同文本的海洋里航行一样。每一个文本都试图将你定位、出卖你、定义你”，这样的青年亚文化样本和青年亚文化族群，在网络媒介时代，不仅出现在传统的亚文化音乐生产中，也频繁出现在听觉和视觉技术，譬如电影、影像、电视、数码、广告、流行文化中，所有这些媒介生产及其产品都渗透和塑造了青年亚文化的面貌，从而勾勒出“万花筒”般的青年亚文化面貌，正如默克罗比所评述的那样，“对表层的关注越来越彰显，意义被炫示为一种有意为之的表层现象”。

在这样的情境下，“抵抗”既模糊了着力的对象，也失去了明确的方向，娱乐的特性则得以放大。网络文学由“寓教于乐”转向“自娱娱人”，网络视频聚焦重心由“艺术作品”转向“现场直录”，网络语言由“精致合规”转向“生造逗乐”，网络图像被技术率性 PS，甚至，一切传统、经典、权威、主流的话语、作品和表达都面临随时被颠覆和解构的命运。一代青年对待权威的方式并不是公然抵抗和反对，而是采用拼贴、戏仿、揶揄、反讽的手段对其尽情调侃和讥刺，同时获取自我愉悦和狂欢。恶搞亚文化是最典型的范例，而其他在新媒介平台上活跃的文化类型，也无不充满着这种自娱自乐和无厘头的色彩。尽管这种娱乐化的过程往往不可避免地指向空洞和无意义，但是，我们必须看到，其对所谓主流、经典、权威的解构，依然凸显出文化心理的意义向度，那就是释放激情、缓解焦虑、宣泄不满、寻找自我以及个体和群体身份的认同。也因此，或可以说，新媒介语境下的亚文化在弱化了抵抗色彩和精神的同时，将抵抗的意义稀释于娱乐化的表达之中。

新媒介语境下的青年亚文化除了具有弱化抵抗、多元发展自身文化和偏重娱乐化的特质外，还显现出向全球化与消费主义妥协的趋向。贝斯利认为，处在晚期资本主义之后的后工业化社会中，有两大特征影响青年亚文化的生长和传播，“一是被跨国公司而不是被单一国家影响和主导的消费社会，另一个是被信息技术、媒介和服务行业而不是被旧制造业赋予特征的全球化社会”。众多跨国组织，包括微软、苹果、可口可乐、时代华纳等跨国企业，世界银行、联合国等国际政府组织以及绿色和平等非政府组织(NGOs)都在带动全球化进程，使诸如全球市场、商品化、消费、互联网、国际时装等日渐互相关联，甚至可能转向全球通用。与此同时，多元文化之间的差别和冲突在全球化进程中非但没有被抹平，相反，其因为交流的便利而变得愈益突出。然而，明显悖论的是，被企业控制的新媒介技术同时为弱势群体和个人提供了成本低廉、方便易得的传播场所，给了他们表达自己声音的极大机会。在网络新媒介世界中，谷歌、百度、MSN，QQ，Twitter，人人网、豆瓣、优酷在全球资本、商业利益和中国经济市场化、开放化的驱动下，为持有一台电脑及上网设备的或拥有一台联网手机的所有青少年人群提供了原创或传播自身文化信息的可能。同时，众多跨国企业还处心积虑地将青年群体视为最完美的消费者，他们从市场缝隙、人口和心理特征、生活方式等全方位地对青少年加以细分，如叛逆者、“80后”、“90后”、网购族、冲浪迷、背包族等，并着眼于这些团体成员的多重文化身份、欲望需求及购买能力，有预谋地、积极地去培养他们特定的消费习惯和价值观念，从而建构起庞大的青少年消费市场。

今天的青少年更多是通过消费和市场层面而不是传统渠道，如家庭、组织、学校来发现他们的身份和价值。其中，最典型的莫过于跨国公司在他们持续不断的广告运动中将消费身份和消费观念以各种炫目的手法植入青少年的认知和价值观中，从而消弭青年人在种族、阶级和性别上的区别，取而代之以时尚的风格、新的性别角色、新的认同、新的文化实践、新的家庭格局和新的社会团体，等等。事实上，今天的青年亚文化通过互联网络等新媒介的确能够更容易地了解外部文化，全球化的趋势也模糊了他们建立在不同国家、阶层、地域乃至性别基础上的青年亚文化特征。如果无视这一变化，我们将很难深入而准确地把握当今青年亚文化的本质。

四

新媒介技术促成的当代青年亚文化的盛行，意味着青年亚文化身份的"与时俱进"。但需要继续追问的是，新媒介语境中的青年亚文化能否真正延伸成为与主流文化交相辉映、互生互长的文化类型？新的青年亚文化能否为全社会的文化整合、文化调节与文化优化提供良性因子，从而有助于社会在追求民主、和谐中健康前行？

在某种意义上，青年亚文化似乎总是作为社会主流文化中的一种不和谐音而为世人感知，作为一种偏离常规的乱象而令世人侧目。新媒介语境下的青年亚文化也是如此，它每每引发社会的"道德恐慌"，它往往印证着"娱乐至死"的担忧，它总是以个人主义的张狂稀释着各种集体性的凝聚力，它还可能在疏离、越轨、颠覆的行为中，破坏规范，陷入意义的虚无……所有这些，昭示着文化的断裂、社会的失序，也呼唤着文化的调整。但是，所有这些如果仅仅将其作为对青年亚文化的指控，那便忽略了一个富有积极意义的观察视角——将青年亚文化置于文化整体构成及其变迁之中加以观察。

一个显而易见的媒介文化图景是，新媒介点对点传播、传受互动乃至传受合一的特性，都可能使同质青年亚文化的呈现强度加大加密，又使不同类型青年亚文化之间的交流、相融、再生更加便利。如此，多样化的青年亚文化不但丰富了新媒介自身的信息内容，也促使传统媒介和主流文化无法忽视网络上众多的亚文化实践及其文化符号和文化意义。事实上,网络虚拟空间中的青年亚文化实践活动正在成为传统媒介跟踪、聚焦、报道的重要内容。青年亚文化已经陆续登堂入室,进入主流媒介视野,引发主流媒介关注。仅以近两年为例,人肉搜索、网络雷词、山寨春晚、贾君鹏事件、犀利哥等亚文化现象,无不是经由传统媒介介入传播后成为影响整个社会的文化事件。同时,这些亚文化事件得以传播,也拓宽了传统主流媒介的传播口径,从而拓展了主流文化关于民主和宽容的理念。

不仅如此,新媒介语境下的青年亚文化实践,可能激发对主流文化的重新审视,丰富其内蕴,甚至促成新的文化整合。年轻人出于对动漫、游戏和卡通的痴迷,自制道具和服装,扮演自己喜爱的人物。这本是一种私下的个体的娱乐活动,随着国家产业结构的调整,文化创意产业被提上议事日程,Cosplay 也因此被整合进动漫产业链中,成为重要的内容之一。可以说,新媒介为青年亚文化新的生存方式提供了可能,它们既在网络世界兴盛并影响主流媒介、主流社会、主流人群乃至主流意识形态,同时,也在与主流媒介和主流文化的协调整合中进入主流,壮大自身。更进一步而言,这实际上涉及未来文化的可能性,即青年亚文化为文化的未来发展提供最初的动力、灵感和实验。现在我们可以说,个人计算机的使用绝对是一种主流的技术文化,但是,许多人恐怕忘了,这一计算机文化却是肇始于乔布斯等人当年充满理想色彩的黑客亚文化实践。

正是在这样的意义上,自 2005 年起,我们高度而密切地关注新媒介语境下产生的一系列青年亚文化现象,并在 2008 年国家社科基金立项的基础上,对此展开全方位的理论和文化实践类型研究。本套丛书所收录的"迷""恶搞""黑客""御宅""拍客""网游"及"Cosplay"仅是青年亚文化中最为活跃、影响颇大的几种类型而已，不足以代表所有的青年亚文化，但借此研究我们希望唤起主流社会和大众媒介、传播和文化研究的学者乃至全社会的高度重视，希望大家能抱着平等而非俯视、理解而非误解、尊重而非排斥的态度，与青年成为朋友，真正洞察他们之后，再因势利导，而非先入为主，树敌在先。青年是未来，谁赢得青年，谁就赢得未来。与此同时，我们也渴望这些亚文化实践的主体人群能从我们的研究中有所得益，能透过好玩、消遣、娱乐的表象，认识到自身的文化实践对于自我、群体以及社会的意义和影响，从而保持源源不断的创造性和先锋性，以青年群体特有的方式，积极构建与主流文化的沟通和对话，为我们这个时代的文化创造和转型提供更多元的文化资源，为开放的文化生态贡献力量。

本丛书发起之初即得到苏州大学出版社原总编辑、现任清华大学出版社总编辑吴培华先生的高度重视，他参与了提纲讨论、书名斟酌、初稿审议等多次会议，为尚处于边缘状态的青年亚文化研究提供了良好的平台。丛书得以顺利进行，还得到苏州大学出版社副总编辑沈海牧先生和项目负责人李寿春女士的鼎力支持，他们以编者和读者的双重视野不厌其烦地审读书稿，提出了良多宝贵的修订意见。

本丛书编撰过程中，我们还在研究生和本科生中发起、组织了围绕“新媒介与青年亚文化”的两个系列学术活动，即“亚文化沙龙”和“读书部落”，在《苏州日报》开设每月一版的“塔影对话”。这些活动得到了年轻学子和社会公众的热情回应。他们中的一部分人积极地参与了课题调研和资料收集，协助编撰者做了许多基础工作，并贡献了自身作为这些亚文化实践参与者的体验和认知，帮助我们走近了青年亚文化活动的主体人群，他们的热诚和对本丛书的厚望令人动力倍增。

在我们参加相关的学术会议时，“新媒介与青年亚文化”课题研究和本丛书得到了学界诸多前辈和同仁的支持，首都师范大学陶东风先生和胡疆峰博士、浙江大学吴飞先生、北京师范大学蒋原伦先生、华东师范大学陆扬先生等都给予了无私的鼓励、帮助和指点，使我们获益良多。

希望本丛书的出版能引起学界对媒介与青年亚文化研究的更多关注，使这一领域结出更丰硕的成果。

马中红

于苏州独墅湖畔

目录

长久以来，存在一个由专家级程序员和网络高手组成的共享文化社群，其历史可以追溯到几十年前第一台分时共享的小型机和最早的阿帕网实验时期。这个文化的参与者们创造了“黑客”这个词。黑客们帮助建起了因特网，使 Unix 操作系统成为今天这个样子。他们搭起了 Usenet，并让 www 运转正常。（埃里克·雷蒙德）。

被误解的黑客

黑客凭什么这么牛

任何读者在翻阅本书之前都可以随机询问身边朋友对“黑客”的第一印象是什么，想必答案中都会充满了诸如“计算机犯罪分子”、“入侵高手”、“病毒制造者”、“网络金融罪犯”之类负面名词。这一情况说明要想提出“黑客深受误解”这样的异端观点将要承受多么大的质疑和压力，而这却正是本书准备做的。

以上对黑客的种种负面评价全都有据可查，但这并不代表黑客的全貌。粗略地说，黑客可以被认为是一群颇有造诣的计算机技术爱好者，但是将这种技术用于建设还是破坏则不影响这一称呼。而你也知道，所谓好事不出门坏事行千里，主要投身于技术建设以及研发工作的黑客，其在公众中的知名度自然远远赶不上那些搞入侵破坏的同行，因此后者就渐渐在公众心目中成为了整个群体的标志。那些埋头编程建设的黑客们宛如宇宙中的暗物质，因为不被人们看见，所以就被当做不存在。

作为公众感官延伸物的大众媒体对黑客名声之败坏负有不可推卸的责任。对绝大多数普通人而言，我们都通过媒体报道来认识世界。比如媒体说“月亮是地球的卫星”、“奥萨马·本·拉登(Osama Bin Laden)已被美军击毙”、“小丑鱼和海葵可以和谐共生”，我们就相信了，绝不会亲自在后院架设天文望远镜或者报名参与战地报道和远洋考察来进行核实。同时，坚定地将宣传“月亮背后是外星人基地”之类著作扔进粉碎机。[1] 因此，当媒体说黑客是“计算机犯罪分子”、“入侵高手”、“病毒制造者”、“网络金融罪犯”，我们也就相信了并互相提醒，同时开始为本书寻找垃圾桶。

---

〔1〕 李卫东.外星人就在月球背面.重庆：重庆出版社，2009.

但本书有必要赶在被抛弃之前说出自己的观点。黑客之所以强大并不是因为长有三头六臂，而是他们对计算机软硬件技术有着透彻的掌握。如同世间万物都由若干种原子组成那样，数码空间也建立在简单的二进制数学基础上。所有的资源不管它以何种形式出现，实际上都可归结为一堆二进制的数字“0”和“1”——每一个“0”或“1”占据的信息量位数是1比特(bit)，这也是数码空间被称为“比特世界”的由来——但你说这怎么可能呢，一张让人两眼发亮的美女图片其实是一堆0和1？一套旗舰版的Windows 7操作系统也是一堆0和1？甚至一部蓝光高清的《功夫熊猫2》也是一堆0和1？可事实的确如此。我们可以表述一下，比如一个十进制数“1000”在计算机中被存储为“1111101000”，汉字“你好”在GB2312编码格式下存储为“1100 0100 1110 0011 1011 1010 1100 0011”，英文单词“Hello”在ASCII编码格式下存储为“0100 1000 0110 0101 0110 1100 0110 1100 0110 1111”。使用更为复杂的组合就可以得到文档、图片、声音、视频以及软件程序等一切东西。当然搭起蓝光高清版《功夫熊猫2》的数字序列会长到令人难以想象的程度。不过这并不意味着人类制造它们的时候真的需要逐一输入这些0和1，我们可以使用更为高级且人性化的操作软件，自有编译器之类苦力工具负责将我们输入的信息转换成二进制代码。比如说，你可以打开计算机中的“记事本”程序输入一句“黑客也许没那么坏”(不包括双引号)，你的编译工具会立即在后台将它“翻译”成计算机能够读懂的代码：

10111010	11011010	10111111	11001101
11010010	10110010	11010000	11101101
11000011	10111011	11000100	11000111
11000011	10110100	10111011	10110101

你一定感觉颇为奇妙吧，但这对软件程序员来说纯属入门知识。整个数码世界的骨架——各种程序语言、操作系统、通信解析协议、安防软件、办公软件、网银软件、硬件驱动、固件程序……统统都是程序员们一字一句编写出来的。他们既然能够创造程序，自然知晓其漏洞(Bug)所在。更何况由于程序语言的特殊性，导致任何软件都无法做到毫无破绽，这为一切入侵破坏行动得以发生埋下了先天伏笔。

那么黑客是些什么人呢？他们是程序员中的精英——技术层面里的特种部队，文化思想上的叛逆分子。如果你曾有过和美食家共餐或与专业车手飙车的经历，此刻就该明白与黑客分享网络该是怎样一种感受。因此，你不要再指望自己的显示器屏幕右下角熠熠发光的诸如诺顿、迈克菲、卡巴斯基之类看家护院软件能够阻挡黑客了，难道你曾见过能够对抗造物主的生物吗？当然你会说，我上网多年倒也一直太平无事。这是对的，但原因只是你这里没什么资源可以吸引黑客入侵，或者你早已被入侵了还浑然不觉。有一则网络笑话以极为夸张的形式表达了对黑客技术的膜拜，不妨列在下面：

> 很久以前，还是我用 Windows 98 的时候，有一次系统崩溃了。因为我是技术白痴，我朋友给我介绍了一个高手帮忙修理。高手先问我有没有系统安装盘，我说没有，他就叫我把固定电话拿给他。我想不通修计算机要电话干什么，但人家是高手，我也不好说什么，就把电话拔下来给他了。
>
> 高手把电话线一头接在计算机一个插孔内，然后开机进入 DOS，就在电话上不停地按起 0 和 1 两个键来。我看了半个多小时，他始终是不停地按这两个键。我渐渐地有些困，问他这东西要搞多久，他说要几个小

时，我给他倒了杯茶，就一个人去隔壁睡觉了。

醒来一看已经过了4个多小时，只见高手已经帮我装好了Windows 98，我连忙表示感谢。当时我并不知道他是如何做到的，后来才明白他是用二进制机器语言现场编了一个Windows 98系统。我问我朋友那位高手的下落，他说人家移民去了美国，之后杳无音讯……

你的任何邻居都做不到无视墙壁、门锁、玻璃等障碍物而悄无声息地潜入你家中，这是你在现实世界里能够保持安全感的重要因素。但是换在网络空间，也许坐在你不远处面带微笑点击鼠标的年轻同事正在浏览的是你硬盘中的私密照片，而你非但毫不知情还在准备中午请他吃饭，这是多么令人毛骨悚然的一幕！不过这样的情形虽时有发生，但本书依然奉劝大家不必过于担忧，原因在于：(1) 担忧也没有用，即便你给计算机装上能买到的所有安防软件，遇到真正的技术高手仍然犹如裸奔。断开网线也未必能解决问题，本书将要提到的“超级工厂”病毒即精于通过移动存储工具进行传播。除非你能做到自己的计算机既不联网，也不与外界进行任何形式的数据交换才能杜绝后患——可你当然做不到了。(2) 绝大部分黑客也瞧不上你，你可怜的小硬盘里有什么诱人资料能够引来这些豪强之士呢？黑客们都忙着奔赴政府和商业机构的大型服务器而去，在那里不仅可以充分挑战技术，而且一旦成功登录，不啻是打开了阿里巴巴的藏宝洞。当然也有一批精力过剩的毛头黑客喜欢拿着扫描软件在网络中随意捕猎，如果你的计算机恰好被逮住则不免发生悲催事件。但这样的中招概率是比较小的，好比非洲草原上飞驰迁徙的野马群——虽然总有一些成员会被狮子或鳄鱼截留，但大多数有惊无险。当然话要说回来，作为普通网民还是要把那些擂胸自夸的安防软件装上为好。它们虽防不住高手，可至少能狙击笨贼。

其实比起你我这样的普通人来说，主流的政治商业势力才更有理由对黑客感到棘手不安。近代以来，正是这两者的联合同盟保障了社会以相对稳定的秩序向前发展，同时也将自身置于不容挑战的垄断地位。然而，这一局面却在虚拟的网络世界里遭遇到强大挑战：一方面这是政治商业势力并不擅长的技术空间，“0”和“1”的调和魔法威力超过了核武器；另一方面时代却又要求它们将自己的地盘逐一“数字化”以便与数码空间接轨。因此，这一无可奈何的接轨就成了它们忸忸怩怩暴露自身软肋的过程。政客与商界领袖们不得不面临以短击长的局面，黑客成为了虚拟空间中足可以与他们匹敌甚至战而胜之的新一极力量。绝不示人的商业秘密、肮脏丑陋的政治协定本来依靠地下室和保险箱可以隐匿得很好，但是转移到计算机中后却轻易就被几千里外的黑客凭借一根电话线盗到了手中。又如朱利安·阿桑奇这样的落魄分子，手无缚鸡之力，也没有詹姆斯·邦德(James Bond)半分身手，却能凭借一个“维基解密”网站将以世界警察自居的美国政府搅到鸡犬不宁。

现实世界的统治势力自然无法听任网络空间出现这样一群罗宾汉式的草莽英雄。废弃或者征服是对待这一虚拟社会时仅有的两种选择。在当今时代，只有极少数国家选择了前者，大部分则出于顺应形势并谋取更大利益的心态一脚踏入“赛博空间”，并开始了与黑客的沟通或战斗。以“网络创世者”身份自居的黑客希望继续维持这片空间的自由空气和技术色彩；而统治者们则力图将之作为其现实领土版图中的又一行省。从亚文化的角度看，黑客对权力机构的斗争无疑可以视为一种富有风格意味的软性反抗：他们的目的是希望保持自身以及网络的文化特色，而不是下到现实世界去抢班夺权。而他们斗争的方式，无论是开发自由软件还是入侵服务器改写主页，又都带有强烈的技术性特征。在主流势力这方面，种种制定法律、发布规范并通过媒体引导宣传的举动显然可以视为一种收编行为。从历史上看，主流文化还从未如此迫切地向亚文化群体索要后者的标志性元素——无论是迷幻药、摇滚乐，还是牛仔裤。但是在对待黑客的技术文明即计算机和阿帕网（ARPANET，互联网的前身）时，它们却表现出了无比强烈的渴望。

黑客群体与主流文化间的斗争自20世纪70年代起步，到80年代则发生了激烈交锋并至今余音绕梁。作为斗争的结果，计算机和阿帕网遭到了强行收编，它们不再是黑客私密的玩物，而成了信息社会公然售卖的标准化产品，因而如你我这样的普通人也自此得以与之“亲密接触”，并毫不知深浅地以“互联网主人”之类头衔自居。同时黑客群体则发生了严重的分化，一部分“经典黑客”坚守原有的文化立场，继续与主流文化保持软性对抗；一部分人接受了商业化的招安，投入主流怀抱成为IT巨子；另有一部分人选择了激进反抗，他们以网络入侵、破坏、盗窃等严重动摇主流秩序的行为为乐，发展出一种极端文化，因而被称为“骇客”；还有一部分人放弃了原有的自由主义立场，选择将民族主义、国家主义当成思想旗帜，他们被称为“红客”。

今天大多数见诸报端的“黑客”新闻，真正的主人公其实都是“骇客”。在类似“死掉人才是新闻”的采编理念下，到处惹是生非的骇客比经典黑客更为抢镜显得合情合理。另一方面，媒体这种有意无意丑化整个黑客群体的倾向亦或是一种深层权力意识的反映。如前所述，当类似的报道连篇累牍、熏陶渐染，绝大部分与黑客从无关联的公众也早早埋下了对之的惊警之心。因此，你能读到这里还没把书扔掉，简直是太不容易了。

给黑客一个定义

虽然黑客并不是一个过分复杂的群体，但我们依然难以深入了解他们。这里的原因首先在于媒体的误读。媒体本该是我们了解信息的最佳便利窗口，但此刻它们却犯着同样的错误，一再将“骇客”视为整个黑客群体的代表，甚至发展到无限扩大化的地步：几个犯罪分子架设一个色情网站，再放几个联盟广告引诱点击，被捕后也被冠以“黑客”之名。这种只要坐在车里就是司机，只要上了花轿就是新娘的逻辑最终催生了一个稳定的黑客报道公式，即“一切与计算机或互联网有关的犯罪行为”+“搞不懂其技术细节”=“黑客活动”。在本书的《黑客在中国》一章中，我们将会就此举出一些非常有代表性的例子。

另一阻碍我们认识黑客的障碍是这一群体本身的低调。经典黑客一般待人接物都相当低调，但这不妨碍他们在技术世界里换上另一副面孔。如果你要将之总结为“闷骚”，本书也不完全表示反对。至于骇客，除了一些笨贼（你将会在《黑客的文化精神》一章中看到）之外，大部分人显然明白自己毫无理由在现实世界中过分招摇。因此，如果你在公众场合看见有人大声将自己诠释为强力黑客，那么他一定是个冒牌货。此外，黑客一般也不会身披墨色长风衣，头戴佐罗眼罩来彰显自己的特质——这种场面只有在《黑客帝国》之类电影以及不明真相的 Cosplay 游戏中才能见到。当然，这种插科打诨的商业化搞笑形式某种程度上正起到了消解黑客亚文化锋芒的作用。

现实中的黑客群体并不是一个组织严密的集团。以世界范围来考察，他们顶着同样的头衔却各自为政，呈现出庞杂、松散的生态特征。尽管确实存在大量类似“黑客小组”的机构，但那只是少数志同道合者自发形成的小团体而已，一般都奉行“入组自愿”、“退组自由”，无须“歃血为盟”或缴纳“投名状”。在网络技术的支持下，这些小组的组员甚至可以从不见面。年龄、性别、种族、职业等现实社会中的交际因子在此不派太多用场。即便如“世界黑客大会”这样的活动，其举办原则也只是提供技术交流平台而不是选出一统武林的盟主。参不参与全系个人自便，没有什么强迫性。

黑客很难用“好”、“坏”这样的价值标准进行衡量。首先他们不是整齐划一的群体。你一定要说，那就是有好有坏，难以一概而论。其次黑客有其自身的文化技术原则，他们眼中的好坏与你我乃至法律道德的判断未必保持一致。一位荷兰黑客就曾表示：“黑客活动是不带价值色彩的。人们所说的好与坏在真正的黑客看来没有任何意义。从事黑客活动意味着打败技术。”[1]入侵服务器活动就是一个典型例子。谁会愿意主动把自己的主机向黑客敞开大门呢？这种无异于现实中翻墙入室的行径在法律意义上也是毫无疑问的犯罪行为。但同样的事实在黑客看来就没有那么邪恶，理由有三：(1) 这种“入侵”是操练技术的必要手段，禁止这一活动等于取消了黑客群体存在的基础。(2) 倘若只是入侵却未进行任何破坏，就不应该被视为违法。(3) 黑客往往非但不进行任何破坏，还会善意提醒管理员修补他们得以进出的漏洞。不过这些理由在黑客之外的群体中很难获得认同——难道我们一觉醒来发现客厅被半夜的潜入者打扫得干干净净，就该心存感激而不是惴惴不安吗？

伴随以上矛盾出现的是对“黑客”定义的各自为政。比如来自媒体的说法一般是这样的：黑客是惯于未经允许偷偷打入政府、企业或他人计算机系统并窥视隐私的人。可是在 IT 文化圈

〔1〕 胡泳，范海燕. 黑客：电脑时代的牛仔. 北京：中国人民大学出版社，1997：429.

中，多数成员又相当认同黑客拥有的灿烂形象，认为他们为发展信息技术作出了巨大贡献。因此，他们心目中的黑客变成了"喜欢探索软件程序奥秘、并从中增长其个人才干的人。他们不像绝大多数电脑使用者，只规规矩矩地了解别人指定了解的范围狭小的部分知识"[1]。再有一批站在民族主义旗帜下的"红客"，则让媒体和 IT 人士同时感觉犯难。在媒体看来，红客出于义愤而攻击他国计算机，似乎是在维护国家正义和民族尊严，那就不便再用"计算机犯罪分子"来称呼；在 IT 人士看来，红客抛弃了传统的自由主义、无政府主义文化立场，把他们也算成黑客就扩大甚至扭曲了这一概念的外延。

在本书看来，解决这一矛盾的方法正是扩大黑客定义的外延。即在内涵上，黑客始终是指那些对计算机技术兴趣浓厚并有造诣之人。但在外延上则不限定他们的技术使用方针以及思想倾向。以这样的角度来看，来自维基百科的定义就显得有包容性多了，它由以下三段组成：

(1) 在信息安全业里，指研究智取计算机安全系统的人员。这包括利用公共通讯网络，如互联网和电话系统，在未经许可的情况下，进入对方系统的黑帽黑客，也包括调试和分析计算机安全系统的白帽黑客。

(2) 在业余计算机方面，指研究修改计算机产品的业余爱好者。20 世纪 70 年代，很多的这些群落聚焦在硬件研究，80 年代和 90 年代，很多的群落聚焦在软件更改（如编写游戏模组、攻克软件版权限制）。

(3) 依照 RFC 1392，指"一位热衷于研究系统和计算机（特别是计算机网络）内部运作秘密的人"。根据

[1] 百度百科——黑客联盟. http://baike.baidu.com/view/7994.htm.

此宽容的定义黑客也可以包括很多计算机和互联网技术创造者。[1]

不过,这一定义还没有将“红客”以及上文中我们提到的“毛头黑客”即“脚本小子”算进去。因此,本书倾向于给出一个更为宽泛的说法,并将此作为下文展开的基础。在本书看来,黑客可以是指所有对计算机以及互联网技术抱有浓厚兴趣并乐于精进钻研之人。他们以自己的技术为依托形成各具特色的精神文化立场。当今世界的黑客群体至少可以分为“经典黑客”、“骇客”、“红客”以及“脚本小子”四种类型。“经典黑客”与“骇客”人数最少,却是整个群体中最核心的部分(也有一些地方用“白帽黑客”和“黑帽黑客”来称呼他们);“红客”主要分布在亚非拉以及俄罗斯、东欧等国家和地区,中国是其中典型的代表;至于“脚本小子”则是指那些计算机技术的初学者。他们群体庞大、人数众多,并不具备过于鲜明的文化主张,却是以上几类群体的强大后备力量。

上述四种黑客类型并不是同时出现的。黑客文化的源头可以归结到 20 世纪 60 年代的美国,从那之后的二十年全都是经典黑客的天下。这一时期绝少有计算机犯罪的说法,但原因并非经典黑客思想品质超凡入圣,而是受外界条件所限:其一,计算机没有充分联网,即便联网速度也非常缓慢,导致缺乏作案条件。其二,联网的计算机大都是清汤寡水的学术科研机构,又盛行资源共享精神,导致缺乏作案动机。进入 80 年代,风潮为之一变。政府和商业网站的大批量入驻改变了阿帕网原有的性质,PC(个人计算机、微机)陆续进入家庭的潮流培育了大批青少年网民,这就为“骇客”以及“脚本小子”的粉墨登场创造了物

〔1〕 维基百科——黑客. http://zh.wikipedia.org/wiki/RFC.

质技术条件。至于“红客”的出现则要晚至 20 世纪末，这主要是因为红客基本产生在民族主义意识浓厚的第三世界国家，而这些国家拥有 PC 以及加入互联网的时间要比欧美各国晚得多。

经典黑客(Classic Hacker)

经典黑客文化可以溯源到 20 世纪 60 年代的美国，其传承则至今未绝。当时包括美国麻省理工学院、斯坦福大学、卡耐基-梅隆大学以及施乐公司帕罗奥多研究中心在内的一系列学术科研机构中，计算机工程师们喜欢用“Hacker”(即黑客)一词来称呼那些勤奋钻研并且卓有成就的同行。Hacker 的词根 Hack 原意为“劈、砍”，在 20 世纪 50 年代(甚至更早)的麻省理工校园内它被学生用来形容“本校学生发明的一些精心策划的恶作剧，例如，在校园里最高的那座楼的屋顶上插满反光的金属薄片”[1]。当它被引入计算机领域后，则用来指称那些被公认为有风格、有创新的技术突破——能做出这些突破的人被称为 Hacker，也就是那些“能凭借技术手段让计算机按自己意志行事，而不是简单遵从操作手册的人”。不难想到，这是一个小圈子里的名词。如果不是媒体加以发掘报道，公众很可能对之一直陌生下去。中文里也可以找到这样的例子，比如“达人”、“御姐”、“正太”这样的外来词。如果不是媒体的推波助澜，它们也注定只会在青年群体中私下传递，主流人群根本不知道其所指为何。

经典黑客的文化传承可以分成几个时期。第一个时期从 20 世纪 60 年代延续到 70 年代末，此时黑客手中的利器主要是小型计算机特别是 DEC 公司的 PDP 系列产品。小型计算机是

〔1〕［美］史蒂芬·利维．黑客：计算机革命的英雄．赵俐，刁海鹏，田俊静，译．1 版．北京：机械工业出版社，2011：15.

相对于四五十年代的大型乃至超大型计算机而言的（如人类第一台电子计算机埃尼阿克重达 30 吨），其本身的体积比今天我们家用的 PC 要大得多，售价对普通家庭和个人来说也是个天文数字。因而，此时的黑客主要由供职于学术科研机构、企业实验室的工程师以及就读于高校信息工程专业的学生组成。他们创造了最基本的黑客技术手法，如破解口令（Password Cracking）、端口扫描（Port Scan）、远程访问（Remote Access）、开天窗（Trapdoor）、走后门（Backdoor）等，并在计算机与阿帕网两端都研发出了极好的软硬件设施，同时也初步奠定了黑客技术文化的基础并以之感染和号召后人。

第二个时期从 70 年代中期延续到 80 年代末，以研发 PC 软硬件闻名的"草根"黑客为代表，典型人物包括史蒂夫·乔布斯（Steve Paul Jobs）、史蒂夫·沃兹尼亚克（Steve Wozniak）以及比尔·盖茨（Bill Gates）等。这些草根黑客并没有深厚的学术背景，他们更多是在 IT 企业打零工而不是拥有自己的研究室。但正是这一点让他们迫切希望诞生自己买得起的平民计算机。他们动手打造了最初极为简陋的 PC 并不断加以完善，最终不但满足了自己的愿望，也推动了 PC 走入普通家庭，并通过创业经营实现了自身从黑客群体向 IT 精英的转变。

第三个时期从 80 年代中期直至如今。这一时期 PC 的廉价以及互联网的迅捷使得黑客文化的传播得到了极其便捷的条件。黑客将主要精力放在了与政治商业文化进行抗衡角力的层面上。在商业层面，他们反对通过封闭信息的方法致富，并借助开发自由软件以及破解固件程序等手段声讨以微软、苹果为代表的商业公司。在政治层面，他们反对主流势力对信息进行封锁并阻碍民众知情权的行为，"维基解密"网站是对此发出抵抗声音的一面旗帜。

骇客(Cracker)

“骇客”这个词是经典黑客于 1985 年提出来的，其原因与媒体“误报”有关。你已经知道经典黑客是一个低调，甚至在外行人看来了无情趣的群体。他们默默矗立的社会一角，不动声色地改进计算机软硬件设备，为人类更好地步入信息化时代而努力。而直到 70 年代末，计算机在普通家庭和个人眼中仍然非常陌生。公众倾向于认为这是 IT 专业人士以及电子发烧友们才会关注的设备，看不到它有任何为家庭生活带来娱乐以及便利的前景。在这种情况下，媒体自然不会对计算机产生过多报道兴趣，更不要说“黑客”这样的内部称呼了。

但是在 80 年代情况发生了变化。PC 进入家庭后，通过电话线接入网络正逐渐变得可行。硬件门槛的降低使大量青少年从小即可在家操作计算机，通过网络或现实途径自学并交流相关技术变得简单而时髦。在这些技术中，能够实现远程访问甚至匿名入侵的“魔法”自然最吸引那些精力过剩又充满好奇心的年轻人。此类技术确实是黑客的发明，但其初衷主要是便于远程协助和共同工作。可当这些青少年掌握技巧后，他们首先想到的是攻破女友的电子邮箱，或者让看上去不爽的商业网站灰飞烟灭。

不受控制的恶行从来都会愈演愈烈，因此这些放肆不羁之举迅速突破了发泄、恶搞的层次，转向有针对性的犯罪入侵，而政府和企业的服务器成为了最大的受害者。因为比起个人计算机而言，前者非但拥有大量有价值的信息，而且由于安防力度较高使得攻击起来更具挑战性和成就感。当类似情形开始不断上演的时候，主流社会坐不住了。它们本未意识到这片电子疆域中蕴藏着如此风险，竟能使得自己在现实社会中固若金汤的统治地位在此变得不堪一击。作为整顿和规范的开始，媒体首先打响了舆论战。由于这些青少年纷纷以黑客自居，因此媒体就在报道中用上了“Hacker”一词，而不知道这一头衔所真正适合的拥有者。

根据《黑客与画家》一书的译者阮一峰先生的考证，美国主流媒体首次公开报道“Hacker”可归结到 1983 年 9 月 5 日《新闻周刊》的文章《小心：黑客在行动》。大致内容是：一群来自密尔沃基市(Milwaukee)的青少年黑客入侵了包括美国、加拿大在内的多个计算机系统，并引起广泛关注。[1] 以此为发端的类似报道很快造成了两个后果：第一，公众开始知道有“Hacker”这么一个邪恶群体存在；第二，黑客群体因为受到冤枉而感觉愤怒。

到 1985 年时，越来越多的负面报道已经众口铄金，几乎把“Hacker”打造成了一个十恶不赦的犯罪群体。这时黑客们终于也坐不住了，他们提出了“Cracker”(骇客)一词，希望媒体以此将他们与那些搞破坏的人区分开来。[2] 黑客解释说，他们是投身编程和创造的技术群体，与专门搞网络破坏的“骇客”完全不同。骇客行为不能让人学到真正的技术，正如用铁丝偷开走汽车不能使你成为汽车工程师那样。然而这种区分没有在媒体那里得到太多认同。后者或是不知道，或是不愿意，或者索性认为“骇客”其实是黑客的帮凶。某种程度上，黑客与骇客确实做着类似的事情。比如他们都精于破解商业软件，但黑客的动机或许只是破解不人道的固件程序(如对 iPhone)为广大用户造福，而骇客却意在去除功能限制甚至注入木马病毒以便牟利。不过这种区别在“损害商业利益”的大前提下往往容易被媒体和公众忽略。在大部分人看来，既然黑客与骇客都是商业秩序的搅屎棍，那他们必然就是一丘之貉。

---

〔1〕［美］保罗·格雷厄姆. 黑客与画家. 阮一峰，译. 1 版. 北京：人民邮电出版社，2011：(译者序)4.

〔2〕 The Jargon File—Cracker. http://www.catb.org/jargon/html/C/cracker.html.

有必要指出的是，虽然黑客往往鄙视骇客的技术，但这不等于说后者就是浪得虚名之辈。前者的敌视情绪很可能是因技术未被用于正途而产生的怨念。真正的骇客同样对系统编程了如指掌，并且其中就不乏因受金钱利益所诱而从黑客“变身”而来之人。而那些频频出现在媒体版面上的只会“用铁丝开走汽车”的不良少年，大部分还不能算是“合格”的骇客，更适合他们的称呼是“脚本小子”。

脚本小子(Script Kiddie)

脚本小子不是一个难以理解的概念。我们可以用手枪来做个例子。面对一支被拆成零件的枪械，高手可以很轻松地将它装配起来并填弹射击，而菜鸟只能望而兴叹。但如果高手将装配好的手枪递到菜鸟手中，后者立刻拥有了对周围的威慑力——用枪瞄准射击的难度可比组装手枪低多了。

脚本小子与黑客以及骇客之间的关系就类似于上述情景，只不过存在于他们中间的不是枪械而是程序。黑客程序就是一种被装配好的，只需简单操作就可瞄准发射的武器。它可以轻松实现各种各样的功能，如远程控制、信息盗取、密码破解、网络阻塞等等。要从无到有的编制出这样的程序，必须像黑客和骇客那样精通计算机系统、程序语言、算法和数据结构等方面的知识。但脚本小子们通常只对计算机系统有基础了解和爱好，他们中的大部分人并不会写哪怕一行代码，也搞不清楚(以及不愿去搞清楚)软件脚本具体是如何运作的。他们只是善于寻觅各种程序代码，然后通过软件、网页等形式搞恶作剧；也能够操作现成的黑客软件，稍稍改动参数配置后按下“Start”来搞垮一个网站。

因此，做一个“脚本小子”可比成为黑客或骇客要容易多了。编写一个攻击软件需要几天甚至数周的时间，但联网下载它却只需要几分钟,实施攻击搞垮一个网站也只需要几分钟。所以你能想象当一个脚本小子得到某款强力程序后的成就感了吧——那就类似于让他站在一挺弹药无限的马克沁机关枪背后。那些从上世纪70年代走过来的经典黑客们显然对突然冒出这么一批顽主准备不足,他们不得不改变原来毫无保留发布程序作品的习惯,开始对功能有所限制,或预留一些“后门”代码,以便降低程序被脚本小子拿去乱用所造成的负面影响。而骇客显然对脚本小子的出现感觉兴奋——荷尔蒙的分泌往往使这些年轻人更乐意成为他们的拥趸来攻城拔寨,而不是追随经典黑客去埋头编程。

虽然脚本小子们可怜的技术水准在高手眼中宛如婴儿,但放到你我面前时就马上伟若天神了。我们这些自诩的“互联网主人”无非是掌握了点击、输入、复制、粘贴、删除等基础动作,以及能够通过浏览器翻看不同网页频道而已,一个简单的为显示器更改分辨率操作就能难倒一大批人。本书正是在这个意义上选择了将只有半桶水的“脚本小子”也列入黑客群体名单。

脚本小子应该受到重视的另一原因在于它们担任着黑客后备军的角色。没有哪一位黑客生来就掌握高深技术知识。翻看他们各自的履历,可以发现几乎都是从“兴趣”开始的,而做拾人牙慧的“脚本小子”则是成长过程中不可避免要经历的一环。在这一阶段上,大部分人停滞不前或知难而退,只有少数愿意投入更多时间钻研的人得以晋升成为真正的高手。当然,他们最后是选择成为黑客还是骇客完全因人而异。

红客(Honker)

红客是一个较为特殊的群体。简单地说,他们是黑客中对国家和民族利益最为看重的那批人,而这一特点在经典黑客与骇客身上就不那么明显。经典黑客是在美国这片洋溢个人主义和自由主义的土壤中孕育的，因而其文化精神中天然包括了对政府的监督、质疑和疏离。至于骇客，既然他们唯利是图，自然也不会将本土的肥肉轻易放进白名单。但这一切在红客心中恰好相反。红客往往认为入侵和攻击首先不是对与错——而是敌与我的问题。但凡本国的网站、服务器受到外来势力的进攻，那么就有天然的理由出手将敌人“拒于国门之外”。而这一前提很快又扩展到“当本国名誉与利益受到来自异国的任何损害或挑衅之时”。比如 A 国与 B 国发生摩擦，B 国红客就以攻击 A 国网站的行为表示反击。假如 A 国也存在红客，那么一些 B 国网站自然也会迅速受到类似打击。一旦这样的链式反应得不到有效终止，那么情形发展下去将会很像早期两个设置了自动回复的电子邮箱那样：由于彼此都不停地对对方发来的自动回复进行自动回复，最后只能以双双被撑爆而告终。

红客带有强烈民族主义色彩的特性决定了他们更多诞生在亚非拉等第三世界国家。若干年前正是民族主义的力量帮助这些国家抗击外敌并获得了独立，它当然也会在此之后成为继续飘扬在这些国度中的强大精神旗帜。民族主义意识形态的一个特点是往往不能清晰区分国家、政府和民族之间的区别。而这些国度中的执政者也倾向于宣扬这三者的一致性。这些因素加起来，造成红客在精神立场上与黑客以及骇客形成了明显区别。

红客的特殊性还使得他们即便在面对主流势力时也不免处于尴尬境地。对政府来说，尽管红客的行动出于拳拳爱国之心，但这种以暴制暴的攻击行为本身却违反了法律。此外，红客以民族主义为旗号注定他们需要不断树立假想敌。如果现实过于歌舞升平，他们存在的合法性将会受到质疑。

Unix的身世

20世纪六七十年代的黑客完全是致力于编程建设的程序精英。他们以卓越的技术为人类进入信息化时代作出了重要贡献。而在这些令人眼花缭乱的科技结晶之中，Unix操作系统以及C语言程序是不得不提的里程碑式成果。前者的出现使得同一操作系统能够安装在不同的计算机平台之上，而后者则帮助广大程序员们抛弃了枯燥乏味的汇编代码，使得编程工作更加富有乐趣。伴随这段光辉岁月的一位绕不开的悲剧英雄则是DEC公司（即美国数字设备公司）的老总肯·奥尔森（Ken Olsen）。由他率队开发的廉价PDP系列计算机很好地武装了黑客，为后者塑造自身文化精神提供了强大的物质基础。但奥尔森没有想到的是，这一行为却也在同时培养了自身的掘墓人。

肯·奥尔森，1926年生于美国，1957年创办DEC公司，以PDP系列产品专攻小型计算机市场，其主要竞争对手是有着蓝色巨人之称的IBM公司。1961年9月，奥尔森向母校麻省理工学院捐赠了一台其公司于上年刚推出的PDP-1型计算机。这一捐赠包含着巨大的商业用心。因为当时不同品牌计算机之间是互不兼容的，操作系统和使用方法也各自为政（这很像今天Windows与iOS不能兼容，或者手机领域中Android与Symbian不能兼容一样）。作为业界新秀，奥尔森咬牙将这台价值12万美元的机器送到母校，就是希望那些未来将注定引领IT界的学弟学妹们能够提早习惯并乐于使用DEC的产品，以便在可见的将来为自己公司创造更好的市场份额。

PDP-1型计算机带有高速电传打字机和纸带读取器，允许用户和计算机直接会话。它的诞生标志着小型机产业的兴起。

后来的事实证明了奥尔森独到的市场眼光。而这一举措在为 DEC 公司带来滚滚财源的同时，也在黑客文化史上写下了浓墨重彩的一笔：由于这台 PDP-1 计算机崭新而强大，又不像 IBM 产品那样总要被管理员锁在恒温的机房里，因此很快吸引了校内大量技术爱好者为之废寝忘食。许多黑客软件设计工具、术语以及相关的文化范式都围绕它开始逐步建立。著名黑客埃里克·雷蒙德(Eric S. Raymond)甚至在他的《黑客道简史》中认为，最早被黑客用来进行程序开发的平台都是 DEC 公司的 PDP 系列计算机。

PDP-1 型计算机

整个 60 年代美国人均年收入约为 3 000 美元，这意味着 PDP 系列计算机从其价格来看很难“飞入寻常百姓家”(见“PDP 系列计算机价格信息表”)。但 DEC 公司的销售对象本身也不针对家庭用户，在奥尔森看来，只要能将价格保持在比 IBM 等竞争对手便宜 50% 甚至更多的基础上，就能争取到大量预算并不充裕的小企业、实验室以及私人合伙公司的订单，并在用户口碑效应的带动下将销售群体向更高端辐射。这一销售策略并没有照顾黑客的意思，却在事实上使后者受益匪浅：黑客合伙开办的公司买得起 PDP 计算机。而即便是在大型科研院所，PDP 计算机也因其价格低廉而不那么招惹顾忌，因而能让黑客充分“亲密接触”。我们将要谈到的 Unix 和 C 语言的发明，正是建立在这样的基础上的。

PDP 系列计算机价格信息表[1]

型号	面世年份	售价(美元)	描述
PDP-1	1960	120 000	首款产品
PDP-2	N/A	N/A	未研制成功
PDP-3	N/A	N/A	未研制成功
PDP-4	1962	65 000	PDP-7 的原型机
PDP-5	1963	27 000	PDP-8 的原型机
PDP-6	1964	120 000	36 位宽的高端机型
PDP-7	1965	60 000	广泛用于实时控制领域
PDP-8	1965	18 500	小巧而廉价的机型
PDP-9	1966	35 000	PDP-7 的升级版
PDP-10	1967	186 500	PDP-6 的进化版,拥有强大分时功能
PDP-11	1970	10 800	第一款 16 位位宽的产品
PDP-12	1969	27 900	PDP-8 的换代机型
PDP-13	N/A	N/A	未研制成功
PDP-14	N/A	N/A	用作基于 ROM 的可编程控制器
PDP-15	1970	16 500	PDP-9 的升级版
PDP-16	1972	4 000～8 000	用作寄存器传输模块系统

计算机的兼容性一直是让使用者头疼不已的问题。即便到了 21 世纪的今天我们依然会或多或少遭遇这样的情况。比如说,你很难在一台苹果 MAC 机上运行 Windows 操作系统,反之亦然。但是在 20 世纪 60 年代这种情况则要严重得多,几乎每一家公司的计算机都只能使用自家的操作系统,甚至同一家公司的不同产品之间也无法兼容。这种局面使得程序员们极为苦恼,因为每当需要换用新的计算机,就必须花很长时间重新学习

[1] The PDP-11 FAQ. http://www. village. org/pdp11/faq. pages/WhatPDP. html.

研究系统手册和代码指令。试想如果每一辆汽车的油门、刹车、离合器、变速杆的位置都不一样，那么驾驶员肯定会崩溃的。

1971年，这一困境开始被两名美国黑客打破，他们就是贝尔实验室的工程师肯·汤普森(Ken Thompson)和丹尼斯·里奇(Dennis Ritchie)。1964年时，贝尔实验室联合麻省理工学院、通用电气等机构联合开发一套名为Multics的多用户分时操作系统，但花了五年时间也未能取得实质性进展，最后遂不了了之。汤普森曾在Multics平台上编写过一个名为“空间旅行”的游戏。项目下马后，他决意重写代码，使其能在其他操作系统上运行(就像今天将基于苹果iOS的游戏《愤怒的小鸟》移植到Android平台上去那样)。汤普森向贝尔实验室提交了研发申请，希望得到一台PDP-10用于工作。由于未获同意，他只好找来一台被废弃的PDP-7当工具。这台PDP-7上甚至连个操作系统都没有，于是汤普森依靠其早先开发的Bon语言为它写了一个，并命名为UNICS。后来有人告诉他这个词在英语里有“太监”的意思，于是遂改为发音相同的Unix，并就此流传开来。

说起来，Unix操作系统是为开发游戏而准备的“辅菜”，然而它的诞生对整个计算机行业的意义却是划时代的，以至于这款游戏后续如何已经不值得去考究了。Unix发布后，汤普森感觉它还不够强大，于是联合其同事丹尼斯·里奇对Bon语言进行了改造，并在1972年联合推出了升级版的C语言。1973年，基于C语言重新编译的Unix正式推出，安装在了DEC公司的PDP-11机型上。再到1978年，经过反复革新的Unix终于实现了在多种不同机型上的成功移植。除此以外，Unix和C语言还不约而同地秉承了KISS(Keep It Simple,Stupid)设计哲学，因此程序员们可以很轻松地掌握其语言逻辑结构，而不必成天翻阅指南手册。这样一来，Unix系统和C语言就成了通用的软件编程环境，复杂而枯燥的汇编语言就此开始被越来越多的程序员抛弃。

如果说 PDP 计算机为黑客文化奠定了硬件基础，那么 Unix 以及 C 语言就是黑客在软件程序上的左膀右臂，而这两者中又特别以 Unix 的功劳为最。Unix 是第一个具备跨平台可移植性的计算机操作系统，同时又在 C 语言的辅助下具备丰富的扩展功能，最妙的是还开放源代码，因此很快风靡了各类高校、研究所以及企业实验室。大批黑客把 Unix 请进了自家单位的计算机，并通过努力和相互交流发展出了数百个各具特色的 DIY 版本——此时 Windows 操作系统的发明人比尔·盖茨还是个热爱逃课的中学生，Linux 系统的发明人李纳斯·托沃兹(Linus Torvalds)更是仅仅学会了走路和说话。因此 Unix 毫无有竞争实力的对手，它迅速成为了计算机以及阿帕网服务器操作系统的标杆。直至今天它依然是网络服务器的首选系统之一。

源代码(Source Code)是一种未编译的按照一定的程序设计语言规范书写的文本文件，通过对它的编辑可以改变软件在前台的界面表现以及功能。软件可以按照源代码公开与否分为自由软件和非自由软件。自由软件一般不仅可以免费得到，而且公开源代码；非自由软件则是不公开源代码，所有一切通过非正常手段获得非自由软件源代码的行为都将被视为非法。

Unix 在特殊年代的特殊地位致使它与黑客文化有着千丝万缕的关系。肯·汤普森的开源举动在早期程序员文化中并不罕见，但 Unix 这一智慧结晶在数年之后成为主流文化与黑客亚文化之间博弈焦点标志之一却是此前其他类似程序未曾遇到过的。按照美国的法律以及专利条款，程序员在工作时间创造的科技成果归所在机构和部门所有，因此 Unix 的所有权人不是肯·汤普森，而是贝尔实验室。贝尔实验室当然看到了 Unix 的商业价值，却苦于其母公司 AT&T(即美国电话电报公司)自 50 年代起就受到美国政府的反垄断制裁，其中一项禁令就是“不得进入计算机销售市场”，这意味着它们无法将 Unix 包装上市。在这种情况下，贝尔实验室选择了以工本费的价格将 Unix(包括其后续版本)源代码转让给大学、实验室等非商业机构——既然赚不到钱场，那就只好赚个人场了。

在众多获得源代码并加以改造的团体中，加州大学伯克利分校计算机系统研究小组(CSRG)可谓成就卓著。他们的版本被称为 BSD Unix，其中增加了很多当时非常先进的特性，包括支持多任务功能，支持长文件名，更好的内存管理，强大而快速的文件处理系统，等等。这一版本甚至优秀到了喧宾夺主的程度——即便有新版 Unix 推出，很多黑客也不急于更新，他们宁可等待 CSRG 稍晚推出的基于新版的改版。

Unix 的命运同样在进入 80 年代后发生了变化。1980 年 12 月，美国政府修改了专利法，软件正式被视为受法律保护的商品。由此 1979 年的 V7 是 Unix 最后一个广泛散发的开源版本，之后陆续诞生的 V8、V9、V10 等版本就开始只将源代码授予伯克利等少数大学机构。1984 年 1 月，美国政府对 AT&T 进行强制解体，作为大棒之后的胡萝卜则是取消了长达数十年的“销售禁令”。于是贝尔实验室迅速宣布结束 Unix 的免费时代，将它的商业版本(Unix System)作价数百美元销售，而如果需要得到源代码则需花费数万美元。

商业化转变带来的另一后果是类似 CSRG 这样的改版活动将被视为违法，从而也在深层次上动摇了黑客群体根深蒂固的互助合作传统。但 CSRG 又是幸运的，因为常年对 Unix 的改动已经导致 BSD 版本中含有的原版源代码比例降到了很低的程度。只要能去除这些涉嫌“侵权”的代码，也就免除了所有的法律风险。CSRG 当然这样做了，因此后来发布的 4.4 版本就成了完全原创的 BSD Unix，而它也成了日后在免费开源一支上不断求索直至如今的各种版本——386BSD、FreeBSD、OpenBSD、NetBSD 等的共同祖先。

那么 DEC 公司的结局又如何呢？在 70 年代，PDP 计算机加上 Unix 操作系统成了时髦黑客的钟爱行头，而这批人中即蕴藏着肯·奥尔森的掘墓人。微软公司创始人比尔·盖茨正是这样一个例子。当他于 1969 年左右就读于湖滨中学时，就喜欢与校友保罗·艾伦(Paul Allen)在学校的 PDP-8 计算机上玩三联棋游戏。盖茨在 PDP-8 上学到了扎实的黑客技巧,以至略施小计就篡改了校方排定的座位表,使得自己成为班上唯一一个周围坐满女生的男孩。1970 年,一家信息公司慕名找到盖茨寻求技术帮助,报酬是允许他免费使用公司的新款 PDP-10 计算机一年时间。这笔交易当然让微软创始人的技术造诣又上了一层楼。因为早有着这样的历练,所以当微芯片技术成熟之后,盖茨等人毫不犹豫地跳进了 PC 研究的大潮,时代留给小型机的已只有日渐狭窄的舞台。

80 年代的 DEC 还是仅次于 IBM 的计算机制造商,但肯·奥尔森对市场前景特别是 PC 的预判出现了大问题。此时由乔布斯、盖茨等人引领打造的 PC 机已经越来越呈现丰富的家用性,就连 IBM 也开始放下身段,秘密联系微软公司研发自家 PC 产品。然而在这当口,奥尔森却表示"我们没有理由认为人们会需要家用计算机"——口气之豪迈绝不亚于当年 IBM 的总裁托马斯·沃森(Thomas J. Watson)。后者曾于 1943 年言之凿凿地表示:根据我的判断,整个世界拥有五台计算机就已经足够了。沃森的犯浑曾让 IBM 一度失去进入计算机产业的先机,而奥尔森的失误则开始把 DEC 送上了低迷之路,直至 1998 年因财政危机被康柏公司收购。

阿帕网的进化

国际互联网即因特网,英文名为 Internet,此处"I"必须大写。如果写成 internet,则是泛指若干计算机网络相互连接形成的大型网络。

现在我们有必要将目光转移到人类又一重大科技成果"阿帕网"上来。从本质上说,阿帕网是由美国国防部投资兴建的一个战略性信息传播平台。但是当它建成之后,却日甚一日地成为了黑客们打破时空阻隔进行自由交流的场所,并在 20 世纪 90 年代转化成为全人类共享的国际互联网。

美国国防部是怀着对苏联远程军事打击力量的焦虑而开始

筹划“阿帕网”的。二战结束后，美苏双方的军备竞赛不断升级，而苏联在 1957 年率先成功发射人造地球卫星以及 1962 年在古巴部署洲际导弹等举动让美国政府如坐针毡。作为战略防御反应体系中的一环，美国国防部认为有迫切的必要将现有的信息传输网络由星形中央控制模式变为网状去中心型模式，以便在遭遇军事力量的打击时，不会因为一点被攻破而导致全盘崩溃。

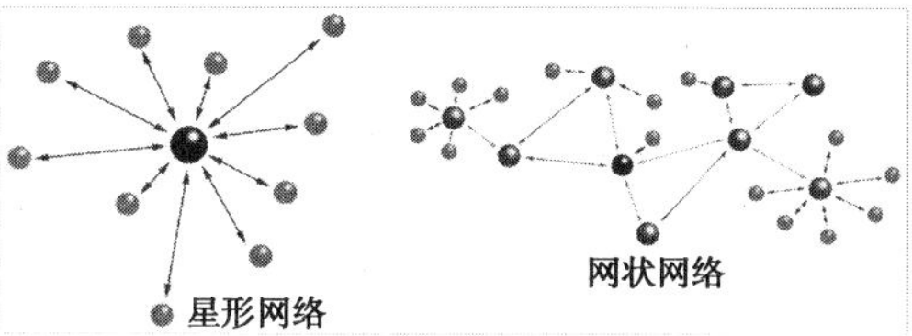

星形网络与网状网络结构示意图

在星形网络中居中的核心主机一旦损坏将造成整个系统的瘫痪。而在网状网络中，由于每台主机分别与多个主机相连，因此整体生命力就顽强许多。

这一思想终于在 1967 年成型并由美国国防部高级研究计划署(ARPA)负责筹建。经过两年的准备，至 1969 年初步建成。参与首批试点的美国加州大学洛杉矶分校、加州大学桑塔芭芭拉学院、斯坦福研究院以及犹他学院的计算机主机(节点)被电缆连接了起来。这样一来科研人员足不出户就能实现彼此之间的信息交流。在此之后，更多机构的主机加入，阿帕网的规模开始逐年膨胀并陆续扩展到欧美各国。借助阿帕网的力量，一篇刚在美国发表的科学论文可以迅速被传递给位于英国、荷兰或瑞典的科学家。而一个丹麦黑客的奇思妙想也能够瞬间进入美国硅谷同行们的视线之中。

阿帕网技术规模发展表

日期	主机数	发展与革新
1969	4	N/A
1970	N/A	阿帕网主机开始使用 NCP 网络控制协议
1971	13	E-mail 技术诞生

续表

日期	主机数	发展与革新
1972	23	@符号诞生
1973	35	阿帕网到达英国和挪威，以太网概念诞生
1974	49	TCP/IP协议以及Telnet服务诞生
1975	N/A	阿帕网被移交给美国国防部通信局
1976	63	阿帕网覆盖美国大陆以及夏威夷
1977	N/A	Digital成为第一家与阿帕网联网的计算机公司
1978	N/A	出现第一个BBS系统和第一封垃圾邮件
1979	N/A	出现最早的新闻组以及网络MUD游戏
1980	N/A	因遭遇蠕虫病毒而一度瘫痪，路由器雏形现身
1981	213	CSNET（计算机科学网）开始建立
1982	235	欧洲Unix网建成，荷兰、丹麦、瑞典和英国接入
1983	562	美国军方旗下网站撤离阿帕网 阿帕网的控制协议由NCP变为TCP/IP 德国、韩国接入阿帕网
1984	1 024	DNS系统以及.com .net .gov等顶级域名正式启用 苏联和日本分别建成Unix网
1985	1 961	Symbolics.com成为首个登记的域名
1986	5 000	NSFnet开始创建 思科在硅谷推出第一款路由器
1987	25 000	中国发出第一封E-mail
1988	56 000	莫里斯蠕虫爆发，网上聊天功能出现 NSFnet替代阿帕网成为Internet的主干网 加拿大、丹麦、芬兰、法国、冰岛等国连入NSFnet
1989	159 000	AOL开始为苹果计算机提供网络接入服务 澳大利亚、德国、英国、以色列、意大利、日本、墨西哥、荷兰、新西兰、波多黎各等国连入NSFnet
1990	313 000	阿帕网正式停止运行

在阿帕网日益繁荣的同时，来自苏联的威慑力量却正由于国际形势的发展而渐趋弱化。这一局面导致学术科研机构大幅上位，得以充分享受阿帕网自由便捷的信息交互功能。而供职于这些机构中的黑客自然当仁不让地成为了网络世界中的首批居民——他们已经是阿帕网的创立者，赋予了它定义和规则，保障并维护它稳定运行。现在他们又将担任阿帕网的建设者，通过进一步的开发、设计、美化、简化使它更为方便易用。有了网络的协助，黑客们的分工合作、资源共享变得更为高效快捷，原本散落在各地的个人或小团体此刻得以迅速在网上找到志同道合者。向四面八方延伸扩张的阿帕网简直成了富含养料的运输管线，它联通到哪里就润泽到哪里，它来到一处就激活一处，最后逐渐形成了一种不可抗拒的滚雪球效应——它成了技术精英们的精神家园以及黑客们的通天之塔，在此处被无限放大的智慧与活力既大力提升了技术成果诞生的速度，也显著加快了黑客文化凝聚的步伐。大量在分散环境下需要漫长时间才能出现的黑客伦理讨论、黑客术语集合以及黑客讽刺文学等形式几乎一夜之间就诞生了。黑客们甚至在1973—1975年中以相当类似今日“维基百科”的互动模式完成了史上第一部“黑客字典”(Jargon File)[1]，它实际上也就是第一部由“行业内部人士”进行自我描述的黑客文化著作，并在1983年进行了实体印刷。

尽管形势热火，可作为一个文化群体的黑客在主流视野中仍然未受到重视。这倒不是因为此时的黑客还没有清晰的价值要求，主要是他们还缺乏用以彰显自身亚文化特色的物质基础。虽然阿帕网是一个很好的候选，但它并不属于黑客本身——后者只能在工作时间内进行诗意的栖居漫游，一切精彩都会随着下班铃声的敲响而成为幻象。此外，80年代以前的阿帕网亦未成

〔1〕 The Jargon File，version 4.4.8. http://catb.org/jargon.

为黑客与主流势力进行交战抵抗的文化战场，政治和商业势力还没有发现这片电子荒原里隐藏着会触痛自己的可能性，在它们眼中这无非是一批青年计算机科学家的工作道具兼神游场所而已。精力充沛的青年们总需要一些发泄之物，因此他们一口吞下了计算机，正如他们也曾一口吞下过迷幻剂一样。

黑客既然将阿帕网视如己出，自然不吝在这之上奉献自己的聪明才智。事实上正是那些由他们创造的优秀技术成果使普通人之“触网”成为可能。首先值得提起的当然是电子邮件(E-mail)技术。1971年，麻省理工学院的博士雷·汤姆林森(Ray Tomlinson)发明了它并于次年确立了“@”标记。他通过对Cpynet和Sndmsg软件的合并使用，成功地在一台PDP-10计算机上发出了人类第一封E-mail，而收件方则是近在咫尺的另一台计算机。两年以后，E-mail技术已经覆盖了约75%的网络空间，还包括美国能源部、美国国家航空航天局以及其他政府部门的内部网。汤姆林森的发明对人类信息沟通作用巨大，E-mail有效改变了过去“必须在金钱和效率之间二选一”的传递模式，使得信息可以既迅速又廉价地进行传播。所以自E-mail诞生以来，它一直都是网民们使用最多的几项网络功能之一。

汤姆林森表示自己想不起来在第一封E-mail里写了什么，唯一记得的是内容全由大写字母组成。但在《吉尼斯世界纪录》一书中有这样的记载：第一封E-mail的内容是电脑键盘上的第三排字母，也就是QWERTYUIOP。

DNS

1983年美国域名设计专家保罗·莫卡派乔斯(Paul Mockapetris)发明了DNS系统。这一系统的功用是将原本难以记忆的数字网址(比如192.168.1.0)转换成容易记住的字符网址(比如mywebsite.com)，因而大大降低了使用网络的难度。DNS系统中最重要的设备是域名解析服务器，目前全球最大的13台域名解析服务器被称为“根服务器”。名字分别从“A”至“M”，其中10台位于美国，另外各有一台设置于英国、瑞典和日本。它们都由互联网名称与数字地址分配机构(ICANN)负责管理。

不难想到,一旦域名解析服务器出现故障或停止工作,那么你输入比如 ibm. com 或者 bbc. com 这样的域名将无法打开相应的网站或被引到错误的地点。作为骇客攻击手法之一的“域名劫持”就是这样的运作原理。比如 2010 年 1 月 12 日,国内搜索引擎霸主百度就曾遭到域名劫持攻击,站点域名(baidu. com)被定位到了一个叫做 Iranian Cyber Army 的网页上。除此之外,即便不发生入侵事件,那么对域名解析服务器,特别是根服务器的掌控也就意味着握住了全球网络运行的命脉。由于 ICANN 实际上服从美国商务部的管理,因此美国政府显然对互联网拥有生杀予夺的权力。2003 年美伊战争期间,在美国政府的授意下,伊拉克顶级域名. iq 的解析工作被终止,所有以“. iq”为后缀的网址全都无法打开,这意味着伊拉克整个国家一夜之间就从网络上被抹除了。这件事情自然让许多国家有了唇亡齿寒之感,因此在这之后,一股要求将互联网管理权转移给国际组织的呼声也越来越高。

ICANN 成立于 1998 年 10 月,是一个集合了全球网络界商业、技术及学术各领域专家的非营利性国际组织,负责互联网协议(IP)地址的空间分配、协议标识符的指派、通用顶级域名(gTLD)以及国家和地区顶级域名(ccTLD)系统的管理和根服务器系统的维护。

WWW 与浏览器

1991 年 8 月,服务于欧洲粒子物理研究所的英国黑客蒂姆·伯纳斯-李(Tim Berners-Lee)创造了万维网(World Wide Web,WWW)。万维网实际上是一种网络资料的编排索引方式,通过这种方式网络中每一项资源都被确定的“统一资源定位符”(URL)标记,然后网民可以借助“超文本传输协议”(HTTP)来访问和获取它们。

我们可以举个例子来形象地说明万维网的功用。假设你面对着一个拥有 100 篇小说的网站,如果没有万维网协议,这些小说同样存在于网站之中,但自身没有确定的链接地址。当你需要阅读其中某一篇小说时,必须首先访问网站主界面,然后逐次点开可能存在的子目录(比如“国内”—“现当代”—“言情”—“女作家”等),最后才能找到它。而通过万维网协议,借助URL技术可以给每一篇小说赋予一个确定的链接地址,其形式就是你非常熟悉的比如 http://www.mywebsite.com/novel001.htm。这样你就无须访问网站首页,也无须去点开多级目录,就能一下子找到你要的东西了。

显然万维网的最大功用是让无数零散的网络资源按照统一规则有效地组织了起来,既方便访问,又方便检索,所以它就成了一张无所不包的大网,大到很多人误认为万维网就是互联网本身一样。其实万维网只是网上用得最多的一种技术协议而已。除此以外,还有Gopher、FTP、Telnet等多种协议。但是毫无疑问这些协议比起万维网来都逊色了很多,因此当WWW一出,其他协议就都只能在口中无力地喃喃“谁与争锋”了。

至于网页浏览器(Web Brower),它实际上就是提供万维网服务的一种客户端软件。因为WWW只是一种协议,只有支持该协议的软件才能让它真正运作起来。我们同样可以举例说明,比如形如 thunder://QUFodHRwOi8vZG93bi41MmJleW9uZC5……这样的字符串是表示迅雷资源的地址协议,你把这样的字符串复制到Word、Excel、QQ、Realplayer这样的软件中去都不能获得该资源,因为它们无法识别该协议,也就不知道如何运作。正确的方法是使用支持该协议的对应的“客户端软件”,即迅雷。

所以你也必须拥有支持WWW协议的客户端软件才能使用万维网,而这样的软件就是网页浏览器。最早的浏览器同样由伯纳斯-李开发,它的名字也叫做World Wide Web。这款始祖级浏览器的缺憾是对图像的支持还不是很到位,因此风头很快被后起之秀盖过。

1993年,美国黑客马克·安德森(Marc Andreessen)写出了可以轻松浏览图片的“马赛克”(Mosaic)浏览器,并随即以此为拳头产品创建了网景公司。“马赛克”在当时的主要竞争对手是微软公司的“网络探险家”(Internet Explorer,IE)。双方的鏖战以微软艰难取胜告终,但 IE 很快又遇到了新的对手,如火狐浏览器(Firefox)、谷歌浏览器(Chrome)、苹果浏览器(Safari)等。当今网络浏览器主要分为“IE 内核”与“非 IE 内核”两大流派。后者主要以火狐、苹果、谷歌以及 Opera 等公司的产品为代表。前者以国内而言,则包括了遨游、世界之窗、360、搜狗等产品。至于“双核浏览器”,指的是在同一款产品中兼具上述两种内核。伴随着这种商业竞争的则是浏览器本身技术水平的提升,从一开始只可以支持文字,发现到今天能够显示图片、声音、动画、视频……这样的进步无疑让虚拟空间变得越来越精彩,也使得我们这些普通网民深感网络已须臾不可或缺。

浏览器软件竞争

BBS

我们打乱时间顺序将 BBS 的发明放到最后来说,是因为它确实意义重大。1978 年,芝加哥黑客沃德·克里斯藤森(Ward Christensen)与瑞迪·苏斯(Randy Suess)共同发明了电子公告牌(BBS)程序。在此之前,网民只能借助 E-mail 这样的非即时模式进行交流。如果遇到网络故障等情况,那么通过邮寄软盘来传递信息也是常见之举。克里斯藤森与苏斯两人就曾多次遭遇这样的痛苦,而身为计算机专家的他们当然不甘心苦苦忍受这种折磨。1978 年,他们推出了 CBBS,即 Computerized Bulletin Board System,后来“C”被去掉成了今天大家非常熟悉的 BBS。不过需要指出的是,这款 CBBS 只适用在小型机上,而当时已经风生水起的 PC 则要到 1983 年才拥有自己的同类型软件 RBBS-

PC。由于当今已是 PC 的天下，因此很多文章也倾向于将 RBBS-PC 称为 BBS 系统的鼻祖。

BBS 最主要的贡献不是将信息传输从非即时改到了即时，而是将信息传授模式由单向接收变成了双向交互。因此，这一变革就在很大程度上尖锐地表现为受者群落对一个庞大主体的集体性抛弃，并转而在自身内部结成一种稳定话语体系的尝试。而这一话语体系依靠原本非即时形式的邮件、新闻组等方式很难形成强大的凝聚力。正因为如此，BBS 论坛(也包括后起的 IM、Twitter 等技术模式)自诞生之日起就在一些国度中被主流势力视为需要严加管理的对象。

对于黑客来说，BBS 的出现使他们拥有了真正的文化阵地。黑客的许多典型特征，如使用数字与大小写字母掺杂的 ID、使用缩略语、使用表情符号等都是在论坛空间中养成的。同时论坛并不仅仅具备及时交流功能，比如帖子的多人回复使参与者可以感受到古希腊群起辩难的风采；长期展示性又使得它脱离了口头文化的窠臼，成为了伊尼斯(Harold A. Innis)笔下的“时间向度媒体”；而论坛的附件存储和离线留言等功能还可以在很大程度上起到替代 E-mail 的作用。此外，由于论坛 ID 代表着一种“切实的”虚拟存在，因而能使流连其中的黑客在时间的作用下产生强烈的眷恋和归属感，甚至将虚拟空间的身份视为不亚于现实形象的存在——这种看似荒谬极端的思想情绪正是黑客文化得以凝聚和显现的重要前提与保障，事实上也是今日成打 Web2.0 网站大量用以增强用户黏性手段的心理哲学基础。

早期 BBS 的功能与今天相比显得极为孱弱。由于网速偏慢而网费高昂，传输图片都是遥不可及之事，更不用说音频和视频资源。因此，绝大多数 BBS 均采用纯文本界面，并且会为那些极其计较在线时间的访客提供“每日更新”之类压缩包，方便他们迅速下载并离线浏览。从内容角度看，既然 BBS 已经从技术上支持了离经叛道的“群氓文化”，那么用户的谈吐很快突破军事、科研、学术交流而转向风花雪月、娱乐八卦甚至色情、同性恋等禁忌题材就显得极为自然。这些蔓延在 BBS、新闻组、邮件列表中并呈愈演愈烈之势的“乌合”内容让作为“金主”的美国国防部感到极为不满，但现实形势已不容它们将阿帕网逆转倒流，无奈之下只得于 1983 年将所有与国防军事相关的网站统统转移到一个全新组建的内部网络中去。

这一事件在阿帕网以至整个黑客文化进程中都是一个极其重要的标志：军方的撤离标志着阿帕网向社会化网络转型的开始。特别是这一年阿帕网网络控制协议由原来的 NCP 变到了更具兼容性的 TCP/IP 方式，等于是开启了“兼并”各种小型网络的黑洞式扩张之路。再加上此刻由 IBM 引领的“PC 入户”风潮已经日益深入美国家庭，一切均意味着网络作为黑客精神伊甸园的日子即将终结。主流文化已经流露出了对计算机和阿帕网的觊觎之情，黑客团体与政治和商业势力展开短兵相接的时代就要到来了。

TCP/IP，中文译名为传输控制协议/因特网互联协议，这是因特网的最基本协议以及构成互联网络的基础。简单地说，它是由网络层的 IP 协议和传输层的 TCP 协议组成的。

关于金钱必须记住的一点是，金钱常常容易买来生存，但是很难买到社会关系和娱乐。尤其是带有大写字母E的娱乐（Entertainment），它赋予生命以意义。人不能不考虑拥有金钱的社会影响，不管你买还是不买什么。金钱仍是强有力的东西，但是，它依然只是其他更为基础的动力因素的代理而已。（李纳斯·托沃兹）

黑客的文化精神

黑客 1984

1978 年前后，以美国为代表的黑客群体按其“武装”不同可以分为三类。第一类固守 PDP-10 等老旧平台，使用 LISP 或 ITS 语言系统，瞧不起 Unix。由于这些机器大都服役于学术科研重镇，因而此间的黑客凭借工作便利可以免费畅游阿帕网。这批黑客的坚持至少可以延续到 1983 年，这一年 DEC 公司宣布不再为 PDP-10 这样的老机型提供后续服务(好比微软在 2009 年 4 月宣布不再为老迈的 Windows XP 提供更新服务那样)，终于敲响了这一阵营的丧钟。

第二类是拥有 PDP-11 等新式机型，使用 Unix 和 C 语言的黑客。这里有相当一部分计算机享受不起阿帕网，但好在贝尔实验室于 1976 年在 V7 版 Unix 中加入了名为 UUCP 的软件，黑客们迅速通过 UUCP 技术打造了自己的 Unix 网络，并同样拥有了电子邮件、新闻组等功能项目。因为 Unix 网络较之阿帕网廉价的多，因而被爱好者们开心地称为“平民的阿帕网”。

UUCP(Unix-to-Unix Copy)是一个软件程序，可以让两台 Unix 计算机通过电话线直接连接，速度较慢并且信号不稳定，但通讯费用却很低。

第三类是以乔布斯、盖茨为代表的 70 年代草根青年黑客，有关他们的故事我们会在下一部分进行详述。这些还背着书包或刚走出校园的青年黑客囊中羞涩，PDP 小型机对他们来说同样高不可攀，他们最盼望的是一觉醒来计算机变得像电视机那样便宜——以 1976 年为例，当时一台日本产的彩色电视机在美国售价约为 350 美元——当市场迟迟不能满足愿望的时候，他们就开始自己捣鼓并最后发明了 PC。这类 PC 价格只在数百美元，大都使用 BASIC 语言和 CP/M 操作系统，但是想接入网络却还不太现实：阿帕网是有准入制度的，主要向大学、科研机构以及实验室开放，个人很难获得邀请。Unix 网络倒是无此限制，但想要接入必须首先安装 Unix 系统。可是早期 PC 硬件底子太差了,根本无法运行 Unix,所以这条路也走不通。

虽然有着上述的区别,但是黑客作为一个整体在很多方面还是表现出了相当的一致性。这些一致性在时间的作用下进化成了群体的文化特征。美国记者史蒂文·利维(Steven Levy)在他 1984 年出版的《黑客:计算机革命的英雄》一书中即对黑客文化精神做出了详尽的概括。他列出的是以下六条:

> (1) 对计算机的访问(以及任何可以帮助你认识我们这个世界的事物)应该是不受限制的、完全的。任何人都有手动尝试的权利!
>
> (2) 所有的信息都应该可以自由获取。
>
> (3) 不迷信权威——促进分权。
>
> (4) 评判黑客的标准应该是他们的技术,而不是那些没有实际用途的指标,比如学位、年龄、种族或职位。
>
> (5) 你可以在计算机上创造出艺术与美。
>
> (6) 计算机可以让你的生活更美好。[1]

此外还有一些值得参考的概括,比如百度百科中对黑客文化的描述是这样的:

> (1) 对新鲜事物充满好奇心,并试图去弄懂它。
>
> (2) 对那些能够充分调动大脑思考的挑战性问题都很有兴趣。
>
> (3) 总是以怀疑的眼光去看待一切问题,不会轻

---

〔1〕 [美]史蒂芬·利维.黑客:计算机革命的英雄.赵俐,刁海鹏,田俊静,译.1 版.北京:机械工业出版社,2011:27—31.

易相信某种观点或论调。

(4) 不满足于仅仅知道“是什么”,而是渴望明白“为什么”,以及“我能不能做到”。

(5) 天性追求自由,总是蔑视和打破束缚自己的一切羁绊和枷锁。[1]

还有一种经常被提到的“黑客精神”是这样的:

(1) 这个世界上充满着等待被解决的迷人问题。

(2) 没有任何人必须一再的解决同一个问题。

(3) 无聊而单调的工作是有害的。

(4) 自由才好。

(5) 态度并非不等效于能力。

(6) 写免费的软件。

(7) 帮忙 test 和 debug 免费的软件。

(8) 公布有用的资讯。

(9) 帮忙维持一些简单的工作。

(10) 为 hacker 文化而努力。[2]

本书从以上这些大同小异的说法中提炼出四项有关“黑客文化”的基本要素:(1) 反对信息垄断,即要求计算机网络信息能够不受限制地顺畅流通。(2) 反对商业暴利,即反对在计算机软硬件上附加不必要的价值成本。(3) 反对封锁过滤,即要求实现网络世界中的政治身份平等。(4) 反对庸碌流俗,即要

〔1〕 百度百科——黑客. http://baike.baidu.com/view/3320.htm.

〔2〕 黑客守则及精神. http://www.yesky.com/SoftChannel/72356708445323264/20031016/1736528.shtml.

求保持自身的好奇心和求知欲望，并捍卫黑客文化。如果你在这其中嗅到丝丝的共产主义气息那可一点儿也不奇怪，将经典黑客文化等同于 Web2.0 共产主义的说法至今仍然大有市场。

就在黑客文化被利维一语道破的时候，1984 年也在全世界的喧嚣和观望中如期到来。这一年本来无比普通，但由于英国作家乔治·奥威尔（George Orwell）撰于 1948 年的乌托邦预言作品《1984》而被赋予了特殊的意义。在悲观论者奥威尔的笔下，1984 年的世界全面沦为了极权社会，到处都是“老大哥”（Big Brother）监视你的眼睛。经济破败，民生凋敝，自由与民主荡然无存。奥威尔的这部作品影响巨大，但是时间却在日益显示着书中预言的破灭，是以当 1984 年真正到来之际，资产阶级主流文化自然忍不住举办精神盛宴弹冠相庆。作为亚文化群体的黑客本身并不将马克思或奥威尔奉为圭臬，但他们的文化精神中确实暗含着对网络“大同社会”的向往以及对资本主义商业文明的隔膜。或许就是由于这样的原因，1984 年也就被黑客选中成为集体展示其文化精神的日子。以下重大事件均在这一年发生，其密集程度是前所未见的：

（1）史蒂文·利维出版《黑客：计算机革命的英雄》。

（2）斯图尔特·布兰德（Stewart Brand）与凯文·凯利（Kevin Kelly）等人在旧金山创办首届世界黑客大会。

（3）埃里克·科力（Eric Corley）在纽约创办权威黑客杂志《2600：黑客季刊》。

（4）苹果公司发布 Macintosh 计算机，并特意为之制作了以《1984》为背景的广告。

（5）AT&T 公司被拆分，Unix 转为商用，开源运动呼声高涨。

(6) 理查德·斯托曼(Richard Stallman)向麻省理工学院人工智能实验室提请辞职。

等一下,为什么要在这份厚重列表的末尾加上一名黑客程序员的辞职行动呢? 这是不是很像那句有关乔治·布什(George W. Bush)的经典笑话"我们准备枪杀四百万伊拉克人和一个修单车的"? 不过情况并非如此,理查德·斯托曼提请辞职所造成的重大意义完全不比这份名单上的任何其余条目来得浅薄。某种程度上,这一事件甚至堪为整份列表的旗帜和表率——如果他的"自由软件基金会"能够也在同一年成立那就更完美了。

最后一名真正的黑客

理查德·斯托曼 1953 年生于纽约,1974 年自哈佛大学毕业后进入麻省理工学院的人工智能实验室工作。此时实验室中弥漫着浓郁的经典黑客气息,很快将年轻的斯托曼也熏陶成为同样的人物。一个表现是,他将自己费尽心力开发出的宏编辑器 Emacs(基于 PDP-10 平台)的源代码无偿分发给任何需要它的人,唯一条件是对方如在此基础上有所改进也要将新的源代码返还给他。这种相互补充、学习、促进、提升的软件开发模式既是经典黑客的惯用手法,也是斯托曼一朝认准便矢志不移的工作精神。他在此之后的一系列惊人之举全在这一点的基础上展开。

斯托曼曾于 2005 年访问中国,中方陪同人员的印象是他全身上下的行头加起来不会超过 100 元人民币。当他们坚持要为斯托曼更换穿破了的鞋子时,后者执意避开阿迪达斯、耐克等美国名牌。斯托曼的另一特点是对菜谱十分关心,这可能出自他对"源代码"的深切爱好。

在继续介绍斯托曼的工作之前我们有必要了解一下程序软件的制作方式。一般来说,一个程序的诞生首先都是程序员借助某种编程语言写出其源代码,然后通过编译器开展转换工作。

编译器有两重作用，它“向下”将源代码变成计算机可以读懂的目标代码（就是第一部分中我们谈到过的那些二进制的 0 和 1），“向上”则将源代码变成可执行文件（比如双击就可以运行的.exe文件）。因此，源代码可谓软件的灵魂，只要掌握了它就能对软件进行各种各样的修改。如果你还搞不明白，那么可以将源代码想象成记载着烹饪秘诀的食谱，会“操作”软件只相当于食客的层次，会“修改”源代码才叫厨师。你身边一定有很多人向你吹嘘过如何熟悉各种软件的操作，但他们实际上都是食客而已。

斯托曼的伟大事业即与软件源代码密切相关。最早的计算机，如埃尼阿克之类是没有软件概念可言的，每一项新的计算都要通过重新插拔外部电子管来实现。为了免除这样的麻烦，软件开始作为一种硬件配套工具被开发出来并随机附送。由于此时的买家都是专业人士，计算机又经常出故障，因此随机软件均采取开源方式以方便用户检修。这种开源的传统同样是程序员以及黑客群体协同工作的默认方案——你不能想象一群厨师进行合作时会只交流成品而不探讨手艺技法。更何况软件还有它的特殊性：大型软件动辄上万行的代码，操作系统级别的更是能达到百万、千万级别。编制的复杂性导致代码漏洞（BUG）总是不可避免，比较好的解决办法就是将代码向同行们公开，以群策群力的方式检测漏洞并改善程序。埃里克·雷蒙德在《大教堂与集市》一文中对此的形容是“只要眼球足够多，所有臭虫都好捉”（Give enough eyeballs，all bugs are shallow）。

斯托曼就是一个坚决拥护公开源代码的黑客，然而时代形势却逐渐与他作梗。70 年代中后期，黑客精神开始遭遇主流商业文化的挑战。乔布斯、盖茨等草根黑客通过办公司发股票大发横财的故事早在大众媒体的传播下极大地刺激了程序员们的神经。很多耐不住清贫与寂寞的黑客跳出大学与实验室选择

“下海”,斯托曼供职的人工智能实验室也流失了很多精兵干将。到 1980 年 12 月,美国政府又修改了版权法,将商业软件明确列为受法律保护的知识产权信息。这一切使得作为软件灵魂的“源代码”在商业化后不再能够轻易示人。消费者买到手的仅仅是经过编译的可执行文件而已。对此商人们当然有所解释,作为普通用户的你我或许更倾向于理解这种说法:(1) 绝大部分使用者根本看不懂也不需要源代码。(2) 公开源代码会暴露软件漏洞,从而招致骇客攻击。(3) 公开源代码会为商业对手开发竞争性产品提供便利,你见过可口可乐或肯德基等企业会在出售它们的产品时附赠配方吗?

但是斯托曼对此怒不可遏。在他看来,用户懂不懂源代码是一个能力问题,是否可以得到源代码则是一个权利问题。比如爱因斯坦的相对论绝大部分地球人都读不懂,但科学界并不能因此就禁止公众去阅读它。以能力低下为理由剥夺他人权利与某些国家借口民众素质不高而拒行民主一样可笑。再者说,权利往往就是提升能力的门径所在。假设一个普通用户对某款软件的黑色背景感到不满,只要他拥有源代码,那么即便整体上读不懂,至少可以在他人或书籍的帮助下找到针对背景色设定的那一句代码进行修改(比如将“bgcolor = black”改成“bgcolor = blue”),并在重新编译后获得让他满意的新界面——这一点点成就感或许就能导致他开始走上技术研究之路。可如果源代码不公开,以上一切就不会发生,消费者只能忍受他并不喜爱的软件设定,或者苦苦等待商业公司杳无音讯的升级通知。至于担心骇客攻击斯托曼认为也毫无必要。主动公开源代码恰恰有助于在更多人的合作下抢先发现漏洞所在,而封闭源代码的做法也没有因此就让骇客无计可施——有关这一点你我这样的 Windows 用户皆是人证:Windows 操作系统向来坚决“闭源”,但它一直是世界上遭受骇客攻击最多的软件之一。

不过当批判的对象从技术性原理转到商业性策略的时候，斯托曼感到有些力不从心。事实上如果他依然能够理直气壮地驳倒这一点，那么接受改变的将远不限于那些“反水”的黑客朋友，而会是以可口可乐、肯德基等企业为代表的整个现实商业体系，而这显然是不现实的。由此斯托曼渐渐意识到，从开源转向闭源并不仅仅是一种简单的技术选择，而是一种文化性质的“叛逃”。选择制作出售商业化软件的黑客已经远离他所熟悉的群体，这些人的背后拥有已在现实世界运作数千年的成熟经营文化做后盾，这种情形绝不是靠他讲解一番技术利弊就能够挽回和改变的。他只剩下两条路可走，一是容易做到的，即退回自己所属的文化保留地，以自身精神操守为残存的黑客理念护法。但在这种模式下，他依然无力阻止而且势必看到类似的“叛逃”不断上演。二是几乎不可能做到的，即发起建设另一种技术性商业模式，使其既能够符合黑客文化，又可以在运作和获益等方面拥有将“反水”黑客拉回阵营的强大吸引力。

那么斯托曼是如何选择的呢？显然他走上了逆天之路。假如不是这样，他不会在今天成为全球自由软件运动的先驱，也不会被利维尊称为“最后一名真正的黑客”。当然迄今为止，我们放眼四周似乎依然全是 Windows 这类商业收费软件的信徒，但这或许可以解释为——正因为我们还是迷茫的信徒而已，斯托曼的灯塔尚未照到我们。

Copyleft VS. Copyright

1984 年 1 月，斯托曼向人工智能实验室提请辞职。此时他已在心中找准了目标，那就是潜心开发优秀的开源程序以将那些卑鄙的闭源软件比下去——假如两款软件在实用性上不分伯仲，而其中一款公开源代码，那么用户会如何选择应该不言而喻。但要开始这一计划有必要首先辞职,因为美国法律规定程序员在工作时间创造的成果归所在机构部门所有——就像贝尔实验室占有了肯·汤普森的 Unix 那样,斯托曼可保不准人工智能实验室是否也会步其后尘,为此他只有选择辞职单干。不过此事还是留了一个尾巴。虽然辞职了,但是斯托曼没有实验室那样强大的硬件配备,为此他只好厚着脸皮“潜入”办公室继续使用原来的设施。此时的实验室主任帕特里克·温斯顿(Patrick Winston)是斯托曼的多年老友,对此当然睁一只眼闭一只眼。

这一年,第 23 届夏季奥运会在洛杉矶召开,苏联及其盟国公然进行抵制,中国代表队则首次收获金牌。与此同时,发着金光的比尔·盖茨正在西雅图带领一帮商业化程序员不分昼夜地锻造将于次年推出的 Windows 1.0 操作系统。斯托曼的头脑似乎也被这些或明或暗的情形搞出了一个冒进:小软件影响力有限,他想一下做大。只有搞出一个像 Unix 那样的操作系统才能掷地有声。他想到了 GNU 这个名字,这在英语中是“角马”的意思,可以代表顽强和坚韧。此外这更是一个具有黑客风格的幽默命名,暗含着计算机编程的递归技巧:GNU 是 GNU is Not Unix 首字母的组合,意为“GNU 系统不是 Unix 系统”,可实际上斯托曼正准备让它与 Unix 实现兼容。

然而要以一人之力开发一款操作系统实在太难了,这简直就像要在自家车库中打造出一架喷气飞机那样疯狂。虽然前面有着肯·汤普森的例子,但这并不意味着同样的成功可以发生在每一个人的身上。斯托曼也想过利用现成的 Unix 系统做个蓝本,但此时 Unix 已经商业化,购买源代码需要数万美元,至于伯克利的 4.4 BSD Unix 则还远没有开发出来。他又闻讯荷兰阿姆斯特丹自由大学的安

GNU 工程的形象标志

德鲁·塔尼鲍默(Andrew S. Tanenbum)教授自主开发了一款能够兼容 Unix 的操作系统 Minix,但一番联系后对方并不认同他的开源理念。这意味着即便斯托曼能够得到 Minix 的源代码,也只能自己欣赏而无法衍生发布。几经打击的斯托曼只好退而求其次,着手改造原先开发的宏编译器 Emacs,转变成能在 Unix 平台下运行的 GNU Emacs,并在网上公布了它的源代码。由于 GNU Emacs 相当有用,很快吸引了一批程序员对之进行修缮,斯托曼仍然要求他们将改进后的源代码寄还,这样他就能集各家之长不断发布更好的版本。

GNU Emacs 开始小有名气,但大部分时间斯托曼依然与忧心和苦恼做伴。首先程序员并不都是天使,虽然不乏有如约回馈源代码的例子,但也同样有很多人根本无视这种君子约定。此外 Emacs 编译器能掀起的浪花太小,距离他心中以 GNU 操作系统让比尔·盖茨之类黑客叛徒目瞪口呆的目标实在太过遥远。经过一番思考后,他意识到仅靠个人意志无法成事,必须建立一套能够持续运转的系统,才能吸引更多的人为 GNU 贡献力量。换句话说,他必须让自己的形象更为高大。他不能局限于一个黑客程序员的身份,而要化身为黑客哲学家。GNU 不能也无法由他独立完成,他必须成为一面伟岸的旗帜。

于是斯托曼在律师的帮助下设计了"GNU 通用公共许可"(GNU GPL)。这是一份具有法律效力的文书,其中明确规定了选择接受该许可协议庇护的软件所享有的权利和应尽的义务。简单地说,GPL 协议赋予了软件用户在使用、研究、分发、衍生等层面的"四大自由":

> (1) 使用自由:任何人出于任何目的均可以获取并运行该软件。
>
> (2) 研究自由:软件必须公开源代码以保障用户

能够学习它如何运作，并根据自己的需要和喜好进行修改。

（3）分发自由：任何人出于任何目的均可以散发其所得到的软件拷贝。

（4）衍生自由：任何用户均可以对外发行由其改进后的软件版本，但同时也必须公开源代码。

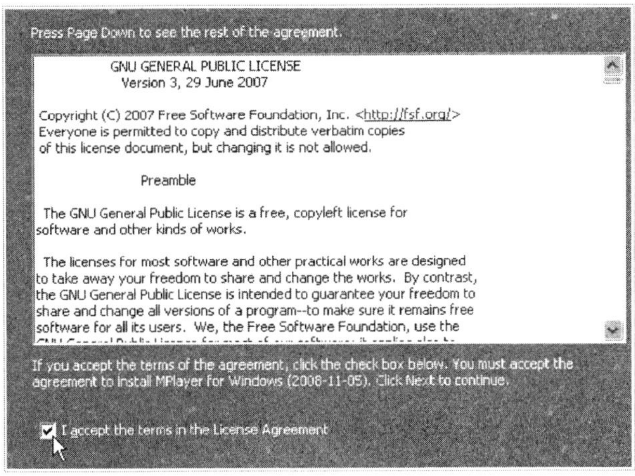

GPL 协议界面

无论是安装开源软件还是商业软件一般都会出现类似这样的协议界面，不过绝大部分计算机用户从来没有仔细看过其中的内容。

GPL 协议页面被设置在软件安装过程中，用户必须勾选“我同意该协议”才能继续安装。上述的“四大自由”乍一看似乎全为用户考虑，对开发者缺乏友好。但由于需要源代码的用户一般自身也是程序员，因此这一协议实际上顾及了整体的利益。现在对于黑客来说获取 GNU Emacs 就有所不同了。如果你对它进行了任何改动，那么不再是一种道德因素“希望”你将源码返还给斯托曼本人，而是你已签署的法律文书“勒令”你必须向所有人——当然也包括斯托曼本人——公开。如果你拒绝这么做很快就会收到律师函，同时在黑客圈子里也将名声扫地。唯一可以逃避法律约束的方法是偷偷享用自己改进的版本而不告诉任何人，就像腹诽不会招致诽谤起诉那样，但这种锦衣夜行的行为恰恰不符合黑客的性格。

从理论上说，有一种极端情况可以让GPL掀起的开源运动流产。那就是无数黑客从斯托曼这里拿走GNU Emacs，但他们一个也不进行改进开发，或者即便改进了也只躲在阁楼里自己享用。但是这种情况实际不会发生，因为社会学告诉我们群体变数的几率往往伴随群体数量以指数级别增长。所以正如你无法设想一个人气论坛会始终无人发帖一样，GNU开源工程在有一定黑客追随之后注定必然愈演愈烈。斯托曼很快在Emacs的基础上又推出了GCC编译器、GDB调试器等功能强大的程序，并于1985年10月创立了“自由软件基金会”。而他的追随者们也同样不甘示弱地编制出了各种编辑器、函数库以及实用程序。由于这些程序都是开源的，任何一名黑客都有机会改进其源代码，因此随着时间的流逝它们就变得越来越强大——至少也能保证与时俱进。当90年代来临之际，整个GNU工程可谓已经走完了九十九步。它已经枝繁叶茂，但独缺一个最关键的内核部件——它宛如擎天柱胸腔中的领导模块那样重要，有了它就标志着GNU操作系统完全成型。可斯托曼一时还得不到这一程序，因为它的制造者——年轻的芬兰人李纳斯·托沃兹此刻正忙于筹集资金购买他心仪的386计算机，而内核部件正是要在这台机器上才被制造出来。

有关GNU工程必须说明的一点是它并不排斥金钱。斯托曼几乎每到一处都不得不费心解释，他所倡导的Free Software指的是“自由软件”而不是“免费软件”。虽然今天GPL阵营中大部分软件确实是免费的，但斯托曼本人也真的曾因为生活拮据而不得不以150美元/份的价格出售装有GNU Emacs源代码的磁带。看到这里也许你会想，既然代码是可以无限复制的，那么GPL是否存在一个漏洞，使得黑客可以通过售卖他人的源代码卑鄙地发财呢？比如说，买下一套斯托曼的Emacs源码，然后稍稍改动代码宣称是自己的“修改版”并以120美元/套的价格出售。答案是——这么做非但赚不到钱,而且后果很严重。因为你的买家也都是黑客,他们只要比较一下源代码就知道你在斯托曼版本的基础上做了哪些修改。这种外行的拙劣行为会立刻导致你被踢出黑客圈子,再也得不到任何尊敬。

斯托曼指出,“自由软件”的 Free 要放在 Free Speech(自由言论)而不是 Free Beer(免费啤酒)的语境中进行理解。“自由软件”的核心要义是用户必须“有权利”得到源代码,至于这一权利是否需要通过付费来获得则是另一回事。如果某软件的作者拒绝公开源代码,那么这种软件就不属于 GPL 阵营;如果某程序员在 GPL 软件的基础上开发出衍生作品又拒绝发布源代码,那么他就将因为违反协议而受到法律制裁。斯托曼用一个叫做“专有软件”(Proprietary Software)的名词来指称那些拒不公开源代码的程序。专有软件并不简单等同于商业软件。首先,有不少非商业性质的软件也是闭源的,比如很多免费软件、共享软件在一定条件下允许用户不花钱使用,却无法给予前文所说的“四大自由”。其次,有些商业软件反而是开源或部分开源的。对这些公司来说,开源意味着能够招揽免费的黑客劳动力,而只要选择遵守不像 GPL 那样严格的软件许可协议(比如 BSD 或 Apache 的开源协议),就能保证作品仍然能以“专有软件”方式发布而不违反任何法律。

斯托曼对“专有软件”深恶痛绝,他认为这种闭源的手法是深受传统商业文化熏陶而结出的恶果,来自现实世界的版权或著作权法律错误地为这一行径撑了腰,而醒目的 Copyright 标志则无异于一个罪恶的图腾。为了表示愤慨和抗议,斯托曼创造了一个“山寨”单词 Copyleft 并将它标注在每一款遵守 GPL 协议的软件名下。

Copyright 与 Copyleft 对比图

Copyleft 并不仅仅是一种戏仿，斯托曼为它注入了技术哲学。

斯托曼表示，作为传统著作权标志的 Copyright 是古登堡时代的产物，虽然历经沿革，但并不适合对数字化产品进行保护和管理。Copyright 理念的核心是限制创作者以外的人任意使用创作物的自由。它有两大特色，首先，它主要保护承载创作物的媒介而不是其传达的信息。因为前者的价值可以精确衡量，后者的价值则往往富有争议。以小说为例，受版权保护的图书一般均禁止复制但不会禁止翻阅，而事实上读者在翻阅过程中已经获取了作为媒介的纸质图书所传达的信息。当然如今的书店里也有很多塑封形式的图书，但塑封行为主要维护的是书店对纸质图书的物权（免受翻折、污损、撕页）而不是作者的著作权。绘画、摄影、雕塑等作品在这方面的表现就更为明显，比如说，你无须为近距离欣赏达·芬奇的《蒙娜丽莎》或罗丹的《思想者》付费（博物馆的门票主要是为了补偿人事安保支出），你买不起的只是承载它们的画布和金属而已。其次，Copyright 的可行性以作为承载物的媒介难以被完美复制为前提。只有当盗版和赝品能够被有效区分时，版权保护才能发挥作用，而这一点恰恰在"没有任何两片叶子是相同的"的现实世界里具有得天独厚的优势。即便是被乾隆御笔庇护了两百年的仿作《富春山居图》，最后也不得不露出马脚。

不过这两大特色在数码世界里的情形就完全不同了。首先，数码出版物并不需要借助载体，它的价值体现为作为"信息"的本身。其次，数字文件天生具有可完美复制的特性，当"正品"与"赝品"根本没有任何区别的时候，Copyright 显然将失去用武之地。于是，斯托曼抢过了话筒：适合网络空间与数码产品的"版权保护"方法应该是由他提出来的 Copyleft，其核心内容就是上文提到的"四大自由"。虽然这一思想是从软件领域中提出的，但它同样也适用于其他形式的数字产品。Copyleft 并不是不要版权，更不是盗版，它与 Copyright 的不同之处在于将“保护”的着眼点放在信息本身而不是其载体。Copyright 适合具有实质载体的现实世界，其保护方法是防止或限制复制。Copyleft 则适合无实质载体的数码世界，其保护方法是充分共享。在斯托曼眼里，软件程序就是知识信息（你把它想成一条条的微博也许更便于理解）。共享这些信息不但不会对发布者带来负面作用，反而会在充分交换和流通的过程中使之获得增值。正如大家所熟知的，彼此交换一片面包与交换一种想法，结果大不相同。在《为什么软件不应该有所有者》一文中，斯托曼更为详细地阐述了他的思想，以下是本书对其中一些重点段落的翻译：

中伤

所有者们使用如“盗版”和“偷窃”这样的诽谤性词汇，以及像“知识产权”和“损害”这样的专业术语，来向公众传达一种思维——程序与物理实体是非常相似的东西。

我们总是以一物是否可以从某人身旁拿走作为判断其是否属于物质财产的理念标准。这一法则并不直接适用于复制行为，但所有者们要求我们将之一视同仁。

夸张

所有者们宣称用户自行拷贝软件使他们受到了“伤害”或“经济损失”。可事实上拷贝活动对所有者毫无直接影响，它没有伤害任何人。这种所谓损失只有在用户得不到拷贝就会向所有者购买的前提下才能算数。

可稍微想想就知道，大部分软件拷贝者绝无购买之心。然而所有者们却在以前者都是以潜在用户的方式计算他们的“损失”。客气点说，这就是夸张。

法律

所有者们经常祭出现行国家法律，以其可能的重罚来威胁我们。此举意在警醒用户今天的法律反映着不容置疑的道德理念——我们必须接受惩罚而且责无旁贷。

但这种说法经不起仔细推敲，它只是想固化我们脑海中的思维定势而已。

简单地说，法律是不能决定对错的。美国人应该都还没有忘记，在 19 世纪 50 年代，很多州将黑人于公交车前排就坐的行为视为违法，但只有种族主义者才会说坐在那里是一种错。

自然权利

作者们经常宣称他们与程序作品之间存在特殊关联，并进而宣告他们在对程序的渴求和利益方面显然也高于任何其他人——甚至是除了自己之外的所有人。（事实上总是公司而非个体掌握着软件的版权，但我们总是被希望忽视此中的区别。）

对于那些奉“软件作者比其他人都重要”一说为圭臬的人，我——作为一个著名软件的作者——只能说这是胡扯。[1]

---

〔1〕 Richard Stallman. Why Software Not Have Owners. http://www.gnu.org/philosophy/why-free.html.

但在谈到经济性,即“Copyright 可以促进软件的生产”方面时,斯托曼的解释多少有些底气不足。他说:与其他不同,这一说法至少还有一点合理性……经验告诉我们,人会在优厚的报酬下更为卖力地工作生产……但此种经济论证也有其瑕疵:它的假设前提是我们只关心自己要付出多少钱。它假设那些软件产品都是对我们胃口的,无论它们有没有所有者。[1] 看起来,这时的斯托曼确实需要一个实例来证明,Copyleft 同样可以激励程序员并促进软件的生产。因此,我们就必须要谈到 Linux 系统以及它的作者李纳斯·托沃兹了。

乐者为王

李纳斯·托沃兹 1969 年生于芬兰。他从小就表现出对计算机的痴迷之情,以至于母亲逢人就说:“把他关进黑咕隆咚的储藏柜里,放进一台计算机,偶尔往里面扔一些意大利面,他也会格外高兴的。”1989 年考入赫尔辛基大学后,李纳斯开始对 Unix 着迷。当时大学里通过一台 PDP-11/VAX 小型机运行 Unix,但只有 32 个上机名额,经常需要排队,有时还等不着。李纳斯忍受不了这种折磨,狠狠心靠贷款买了一台当时很新潮的 386 计算机,同时购置了一款名为 Minix 的简化版 Unix 系统。之所以买这套系统,是因为其作者安德鲁·塔尼鲍默是《操作系统:设计和执行》一书的作者,李纳斯正是通过此书迷上了 Unix。另外 Unix 系统对硬件要求较高,而 Minix 则可以在 386 计算机上流畅运行。

供职于荷兰阿姆斯特丹自由大学的塔尼鲍默教授在操作系

[1] Richard Stallman. Why Software Not Have Owners. http://www.gnu.org/philosophy/why-free.html.

统领域是一个牛人，数年前正是他一口回绝了斯托曼有关公开Minix源代码的要求。这一方面是因为他不接受后者的开源理念，另一方面则是心态比较保守所致——他对Minix的定位就是《操作系统：设计和执行》一书的辅助教学工具，不想花太多时间更新完善。李纳斯迷上Minix后简直废寝忘食，他时常在塔尼鲍默开设的Minix新闻组中发表意见和建议，提出可以改进之处，并赢得了前者的赞赏。可是赞赏归赞赏，塔尼鲍默总是不做什么更新，这让李纳斯感觉非常郁闷。失望之余，李纳斯开始自己修改Minix。他不断用自己重写的代码替换原有文件以实现新的功能，渐渐使得整个系统中的旧文件数量越来越少——这与BSD Unix逐渐摆脱AT&T Unix的过程完全相同——到1991年8月底，Minix的最后一句代码终于也被请出了李纳斯的作品中，这一崭新产品被定名为Linux。在这之后，志得意满却不谙人事的李纳斯把消息公布在了塔尼鲍默的新闻组里，这一无异于在伯纳乌为巴萨呐喊的举动立即导致了两人的骂战以至决裂。

但是无论如何，Linux操作系统终于诞生了，它用一只黄脚的小企鹅作为自己的标志。因为在开发它的过程中用到了大量GPL软件，因此李纳斯也在1992年正式宣布Linux投身GPL阵营。这一举动在李纳斯看来只是小舟入海，可在斯托曼这里却是得到了至关重要的最后拼图。从此刻开始，一个完整的开源操作系统GNU/Linux诞生了。它不再是一堆功能强大但群龙无首的软件集合，而是翻身成为了能够向Windows、Unix叫板的竞争对手。作为“专有软件”的代表，微软公司可以斥资雇佣数千名程序员来维护Windows。但是“自由”的GNU/Linux却能够在互联网的帮助下吸引全世界的程序员——没准儿也包括下了班的微软工程师——来无偿贡献力量。因此，它很快就度过了磨合期，并从一款程序员的理想玩物转变为散发着浓郁商业气息的优秀程序。

GNU/Linux对政府机构和商业企业都具有相当的吸引力。它的开源特征使前者在安全性上更为放心。全球黑客程序员的共同努力可以保证安全漏洞在第一时间得到发现和修补。而同样的问题Windows产品可能要等待更长时间才提供补丁工具。因此,如中国政府早在1999年就提出了推广Linux的口号,2004年开始相继出台推广应用Linux的具体措施,如成立Linux软件标准工作组、建立国家Linux公共服务平台体系和出台软件政府采购管理办法等。对于商家来说,选择GNU/Linux而不是Windows在安全性之外还能省下大笔开支,因此也很划得来。据一项来自2009年为期六个月的调查报告显示,中国内地企业级服务器中GNU/Linux的使用份额已经仅次于微软产品占据次席,超越了作为"专有软件"的Netware和Unix。[1] 而全球基于GNU/Linux系统的用户人数则已经突破了2 000万,只是在个人市场上暂时还无法撼动Windows的霸主地位。这里的原因一方面是微软更早进入PC销售领域,另一方面则与后者捆绑销售、纵容盗版等不光彩营销手段有关。不过作为后起之秀的GNU/Linux能在短时间内于服务器领域形成直接竞争力,已经足以让斯托曼等人获得将比尔·盖茨放在火上烤的快感了。

GNU/Linux的诞生让斯托曼有了更强的底气在全球传播开源福音,即便后来用户嫌名字过长去掉了他开创的GNU只呼为Linux,他也不以为意。他甚至创作了一首《自由软件之歌》(Free Software Song)并四处传唱,歌词大意是这样的:

来分享我们彼此的软件,

〔1〕 Linux比例近半 服务器操作系统混战开始.http://www.enet.com.cn/article/2009/0914/A20090914535400.shtml.

为自由，黑客们，为自由。
来分享我们彼此的软件，
为自由，黑客们，为自由。

贪婪的人有很多的金钱，
是这样，黑客们，是这样。
但不去帮助他们的同行，
这不好，黑客们，这不好。

要有了足够自由的软件，
齐呼唤，黑客们，齐呼唤。
就可抛弃那肮脏的证书，
到永远，黑客们，到永远。

来分享我们彼此的软件，
为自由，黑客们，为自由。
来分享我们彼此的软件，
为自由，黑客们，为自由。〔1〕

但是，斯托曼与李纳斯两人的技术思想并不完全一致。斯托曼像一位导师或战士，兼具浓厚自由主义色彩以及百折不挠的勇气，拥有成熟的技术主义哲学，同时也清楚地意识到敌人的所在。与之相比，李纳斯更像一个平民或学子，他随遇而安，与世无争，虽然天资高深却没有太多政治文化锋芒。如果一定要为李纳斯如斯托曼之于"自由"那样贴上一个文化标签，那么最适合的就是他自己时常挂在嘴边的"娱乐"——在大卫·戴蒙

〔1〕 自由软件之歌. http://v.youku.com/v_show/id_XNzE2OTkyNDQ=.html.

(David Dimon)于20世纪末为他创作传记时,他即将书名确定为《JUST FOR FUN》(中文版译名为《乐者为王》)。但是我们毫无理由就此将李纳斯视为一名头脑苍白的人物,“自由”与“娱乐”其实是殊途同归的。

在电影《黑客帝国》中,人类毫不知情的生存在计算机构造的虚拟空间“母体”(Matrix)中。他们被剥夺了一切权利,甚至连性爱的高潮都是虚拟信号。只有少数看破真相并逃出母体的睿智者躲藏在“锡安”伺机反攻。在斯托曼看来,这一切同样也在现实中活生生地上演着。“专有软件”无异于一头头毫无感情的机器章鱼,而它们的拥有者凭借人们对信息化的需求成功构建了一个“母体”。由于源代码被封闭,我们对“母体”和“专有软件”依赖越深,就越容易遭受异化而丧失自我——小到数码达人大至网瘾病患都是这方面的代表。

显然在这一叙述框架中,斯托曼的身份就是智者墨菲斯(Morpheus)。他知道如何击败“母体”,却还未拥有最核心的力量,因此他需要唤醒尼奥(Neo)也就是李纳斯。后者虽然拥有开发Linux系统的高超技术,但是在未曾“参悟”自身文化归属之前只能停留在程序员托马斯·安德森(Thomas Anderson)的层次。这一点正如李纳斯在宣告Linux“归顺”GPL之前曾走过弯路那样。当时他禁止任何金钱因素与Linux有染,即便是以光碟形式派送代码而仅仅收取工本费也被拒绝。他没有意识到此举会断送Linux的前途,因为那时他除了技术之外简直一无所知。

当李纳斯参与GPL进程并逐渐形成了自己的“娱乐”主张后一切就变得不一样了。我们已经知道,在斯托曼那里,“自由软件”是与“专有软件”泾渭分明且无法调和的对立元素,甚至引入阶级斗争框架进行分析似乎也不为过。斯托曼设想的胜利自然是Copyleft战胜Copyright。但是其意义为何,或者说程序员们何以乐意抛开金钱诱惑来为GPL作贡献?斯托曼似乎只给出了一些道义性的理由，即如《自由软件之歌》中所唱的“贪婪的人有很多的金钱……但不去帮助他们的同行……这不好”。道义性的理由用于批评和驳斥也许足够，但要以之为基础规范一种时空间广泛的运动无疑显得力不从心。倘若不是如此，GPL协议也就没有出台的必要了。

而李纳斯恰恰以他的“娱乐”论为这一问题给出了一个鲜明的解答，那就是 Just for fun。李纳斯的文化观远不如斯托曼具体和凌厉，他选择将视线提升到探索生命本质意义的高度，以举重若轻的方式给出看法。李纳斯说，任何一种文化方式都会经历三个阶段：起初仅仅是生存之需；之后变为社会性标志；最后进化为娱乐。而伴随或促使发生这一转变的关键因素则是物质条件的不断丰富。我们不妨以人类最根本的“食”、“色”活动为例来考察这一论断。毫无疑问“食”、“色”最初都是生存之需，它们使人类得以存活和繁衍。当物质条件得到改善后，“食”、“色”就开始成为社会性标志，食谱和族谱成为了判断身份门第的典型特征。而当物质条件达到极大丰厚之时，“食”、“色”活动就开始转型为一种娱乐——所谓“物质条件达到极大丰厚”并不必与历史进程完全成正比，中国的商纣王以其著名的“酒池肉林”就已经给出了很好的例证。

再如“战争”的演化也同样适用于此理论模型：最初的战争意在争夺水源和食物，完全是为了生存之需。进入文明社会后，战争的意义转变为国家或民族力量的展示，屠杀与掠夺已经日益让位于征服和驯化。而当物质文明进一步获得提升后，战争的游戏性质就变得日益鲜明起来。在 2003 年打响的美伊战争中，美国电视媒体通过先进技术实现了战争场面的“现场直播”。这一行为传达的信息是，至少在美国看来这场战争与游戏的界限已经不那么分明。

天才经济学

李纳斯的“三阶段论”可以用于解释一切文明进程，但显然并非每一种具体的情形都已经发展到了“娱乐”阶段。不过既然这一理论是从计算机程序文化环境中提出的，那么自然意味着程序员的工作精神已经不再是为了果腹那样简单。作为一种需要高级知识技巧的工作项目，编程活动本身不可能在物质匮乏的茹毛饮血时代展开。但我们依然可以将诞生在发达工业社会的最初程序员视为以脑力劳动换取牛奶面包的一批人。这样的程序员中还不能孕育黑客精神，因为他们仅仅是为生存而工作，不需要也不存在自己的文化意识。他们统一穿着灰色法兰绒制服受雇于 IBM 之类公司，按月领取薪水，机械地抛出软件作品而毫无血肉分离的感觉——这与代工工厂雇员工麻木地装配戴尔、苹果之类产品并没有本质差别。

当程序员脱离温饱到达“小康”之后，黑客思想就开始发芽了。技术自此开始展现初步的文化光彩——拥有好奇心，抵制无聊和单调，追求自由，反抗权威……显然斯托曼的所作所为正可以在这一层次上找到例证，而他本人简单朴素的生活方式又恰好呼应了李纳斯的另一重论断：“对黑客而言，生存不是主要问题。他们依靠 Twinkies 饼干和 Jolt 可乐生存得很好。”[1]利维所总结的黑客文化精神同样至少以这样的“小康”环境为基础，但是李纳斯觉得这还不够，只有进入“娱乐”层次才能从终极意义上释放黑客的活力，同时“专有软件”之类问题自然也将迎刃而解。如果李纳斯是对的，那么此刻他确实已经摇身变为

〔1〕［美］派卡·海曼．黑客伦理与信息时代精神．北京：中信出版社，2002：(序言)12.

The One 了。

“小康”层面与“娱乐”境界对程序员而言究竟有何不同呢？至少在前一阶段相当数量的技术高手仍渴望为财富而战，在八小时之外投身 GNU 工程还是揽些私活会成为一种颇费煎熬的思考，而这正是斯托曼前期事业拓展缓慢的重要原因——每一个个体的程序员都可以拥有自己的三阶段论。对于斯托曼来说，1984 年的他可能已经进入了“娱乐”层面，实现软件自由所带来的快感将胜过一切其他物质享受。但他并没有意识到这种思想意识并不具有直接的可移植性，那些依然被房贷、车贷压弯脊梁的黑客同行们显然无暇去体会这种虚拟的幸福。而李纳斯之所以能够发出共鸣，是因为他淡泊名利，清贫乐道。他不假思索地就放弃了成为第二个比尔·盖茨的机会——假如他选择将 Linux 作为“私有软件”的话——甚至也从来没有在自由软件阵营中争抢一把靠前交椅之心。在 Linux 的影响日甚一日的时候，他低调地带着全家从芬兰跑到美国，受雇于硅谷一家名为全美达(Transmeta)的 CPU 公司，继续以业余身份从事 Linux 的开发维护工作。在比尔·盖茨掷出一亿美元兴建豪宅的时候，李纳斯刚刚准备换掉他过于老旧的庞蒂亚克(PONTIAC)汽车。

李纳斯指出了一个简单而又残酷的事实：黑客精神不能建立在个别成员道德品质超凡入圣的基础上。黑客亚文化必须依靠强大的物质基础才具有与主流文化一较高下的实力。一个物质丰沛、资源充足的社会环境自然能让所有黑客放下追逐财富之心。这样的社会在埃里克·雷蒙德那里被称为“天才社会”，而运行于其中的伦理道德则建立于一种“天才经济学”之上。这种天才社会也被称为礼物社会，在这里能为你赢得尊重的不是你拥有和控制着什么，而是你为这个群体和社会做出了什么。以开源这样的行为为例，你固然可以将它的产生理解为早期黑客常年协同工作绽开的友情之花。但是当你发现即便是素昧平生的黑客之间也能迅速就开源达到心领神会的时候，你就该明白这里有一种超越友谊的精神纽带在负责维系。这种纽带就是在天才社会里才会流行的价值标准。当黑客环顾四周，发现磁盘空间、网络带宽、计算能力等“必需品”已经富足到无须担心的程度，开源共享自然变成了风雅的时尚以及赢得同行赞誉的砝码。对此，埃里克·雷蒙德有过如下的总结：“天才文化不适合穷人，只适合富人。它是从那些不用为温饱而奔波的人群中崛起的。我们可以从那些生活在气候温和、食物充足的原始部落中观察到这种文化的踪迹，我们也可以在我们自己的社会里观察到这种现象，尤其是在那些娱乐性行业或富人阶层中。”〔1〕

天才经济学与新教伦理支配下的资本主义商业经济法则显然存在不小的冲突。后者宣扬的核心价值观是以持续的劳作来不断积累财富，为上帝守护并增值这些财产。因此，在这样的社会中，往往只有从事工作的人才被算作是合格公民。社会倾向于批判那些饱食终日无所事事之人。工作行为本身成了一种判断善恶的价值标准，而其创造的价值大小则在其次。但在天才经济学看来，财富只是一种手段而非动机。工作的理由是获得足以让自己跳出工作藩篱的物质支撑，能够以自己的意愿支配时间、享受激情并做出成果才是最理想的生活模式。有趣的是，这一富有理想主义色彩的社会理念可以在古希腊哲学思想中找到影子。如亚里士多德在他的《政治学》中设想过一种社会，其中唯有可以不必工作的人才配叫做公民。〔2〕 以上两种经济模式在现实中的冲突与妥协促成了一种特异的“资本主义黑客精神”：很多黑客选择暂时栖身商业公司，一旦收入或股票收益足

〔1〕 [英]约翰·诺顿. 互联网：从神话到现实. 南京：江苏人民出版社，2001：201.

〔2〕 [美]派卡·海曼. 黑客伦理与信息时代精神. 北京：中信出版社，2002：42.

史蒂夫·沃兹尼亚克在离开苹果后依然对公司充满关心，同时他也自命为一名骨灰级的"果粉"。2008 年人们在排队购买 iPhone 的长龙中发现了他并纷纷为他让出靠前的位置。当史蒂夫·乔布斯于 2011 年 10 月溘然长逝之后，沃兹尼亚克沉痛地表示"我们失去了一些再也找不回来的东西"。

够让自己享受"娱乐"的时候即抽身进入天才社会。比如苹果公司的联合创始人史蒂夫·沃兹尼亚克就是这样的例子。在工作了 6 年后，他手中持有的苹果股票已经足够下半辈子的富足生活，因此他仅仅 29 岁就毅然"退休"，将"晚年"时间用在了教授年轻人使用计算机以及培养新一代黑客之上。

如果说斯托曼提倡的是一种斗争性技术哲学，那么李纳斯所持的就是一种"抹杀阶级冲突"的大同之论。斯托曼期望以 Copyleft 理念将 Copyright 至少从数码世界中驱逐出去，李纳斯则认为依靠物质文明的提升可以消解一切现存矛盾。你可以就此将李纳斯视为一个和事佬，或者反过来认为他大智若愚。但他与斯托曼的观点差异并没有影响到他对开源事业的热心和贡献。不同的只是，李纳斯始终更倾向于将开源作为一种技术而非文化斗争，这一思想与今日大量开源社区中趋于式微的"自由"理念有相当关系，而我们多次提到的埃里克·雷蒙德事实上也秉承类似的观点。在"娱乐论"的视野里，Copyleft 与 Copyright 纠结于技术细节区分就显得不再那么重要——斯托曼的"敌人"如比尔·盖茨等或许只是通过选择了不同于 Copyleft 的道路而同样达到了"娱乐"境界，他的豪宅或慈善账簿应该就是明证。当物质资源足够丰盛之时，货币财富就开始失去意义，唯有能以之换来欢乐——如进行捐助、施舍、领养等活动——才能让人们感觉有所收获。至此，李纳斯的理论也就推出了它对黑客文化的终极判断：黑客群体试图以分享、沟通、奉献、无保留等反商业元素作为自身旗号的特点，注定其本身必须建立在物质文明高度发达的基础之上。而这一基础的得以建成，又恰恰需要商业文明本身的持久积累。因此，这将是一个悖论性的往复斗争：黑客文化的张扬将对商业文化起到遏制作用，进而导致自身物质基础的削弱；而黑客文化的退守则将促进商业文化繁荣，从而为本身的再度振兴提供契机。而无论如何，Copyleft 与 Copyright 的争斗将无法你死我活般地决出雌雄，而这正好为黑客亚文化本身非暴力的抵抗风格做了最好的注脚。

多数的电脑爱好者必须明白，你们中大多数人使用的软件是偷的……谁会从事专业的软件开发却分文无获。哪有业余爱好者会花费三年人工去编写软件，去修正软件，编写使用手册却免费发放给别人使用？（比尔·盖茨）

黑客创业

创PC纪

黑客群体与主流文化之间矛盾冲突的结果之一，是相当数量的精英程序员投身商海转为 IT 巨子。上一部分我们主要站在经典黑客的角度，以斯托曼和李纳斯的思想为依托阐述了两人特别是前者对这一转型的愤慨之情。然而当我们将形势进一步明朗化后则会发现，仅仅以黑客群体孕育不过二十年的文化底蕴而试图抗衡传承数千载的商业文明，其结果注定只能是一场伟大的悲剧。而双方之所以还能够鏖战多合、互有进退，不得不说是黑客们占据着互联网“主场”之利所致。本部分我们将要把视角对准那些“反水”、“下海”之徒，看看他们的所作所为对黑客文化以及现实世界造成了怎样的影响。

自由主义气息浓郁的美国大地赋予了黑客追求个性解放的天性，而发生在 20 世纪 60 年代轰轰烈烈的文化运动则无疑对之有着推波助澜之功：越南战争、古巴导弹危机、马丁·路德·金（Martin Luther King, Jr.）遇刺、肯尼迪遇刺以及稍晚的水门事件既让美国民众怨气沸腾，又使得政府的公信力跌到了冰点。当时的美国年轻人普遍对现实感到不满。他们中有不少加入了“新左派”这样的组织，在“3M”（即马克思、毛泽东、马尔库塞）思想的指引下，发动了民权、女权、反战、反文化、性解放等运动，试图以此来改变美国的发展方向。另一批人则对现实感到了绝望，他们离开家庭扎堆群居，留起长发，穿着奇装异服，整日以摇滚乐、吸毒和性爱来麻醉自己。同样风华正茂的青年黑客们自然无法置身事外。许多黑客参与了示威游行，通过焚烧国旗和征兵卡等行动表达反战立场。也有很多黑客加入嬉皮士群体玩世不恭，史蒂夫·乔布斯就是后者中的一员，他和首任女友克丽丝·安·布鲁南即相识于这样的群体中。后者为他生下了女儿丽莎，这个名字多年后被乔布斯用来作为一款新型 PC 的名称。

在六七十年代的黑客看来，虽然他们拥有人身自由，但他们的“伙伴”计算机却受到了严格的约束。首先，计算机身价昂贵，黑客只能在工作场所与之亲密接触，无法把它带到家里“悬著中梁柱，一日三摩挲”。其次，计算机被政府和企业大量用于武器开发、精密制导等领域，转而为轰炸北越提供助力。它成了国家暴力机器的电子宠物，被迫扮演邪恶的角色。黑客们希望改变这一局面，一份 1972 年下半年出版的激进报纸《人民的伙伴计算机》即表达了这样的思想：“计算机基本上是被用来反对人民而不是去帮助人民，它被用来控制人民而不是去解放人民。改变这一切的时机已经来临——我们需要…… 人民的伙伴计算机。”〔1〕

当然，说老实话，这时的“广大人民”比起计算机来更需要的还是电视机和洗衣机。计算机太复杂了，不是一个开关键、一个遥控器就能搞定的，不懂程序设计的话完全无法下手。所以上述报道中的“我们需要”换成“黑客本身需要”会显得更为合理。不过这不能理解为黑客全然是在假公济私。事实上，他们是希望在解放计算机之后，凭借自身对之的掌握来为公众服务。

1972 年，美国伯克利市的一群黑客这样行动了起来。他们建立了一个名为“资源一号”的社区计算机公用设施，一家名为 Transamerica 的公司向他们赠送了一台行将报废的 IBM XDS-940 计算机，黑客们通过维修延续了它的生命。“资源一号”的黑客向当地民众隆重推出这台计算机，声称它可以帮助进行选民调查、社会统计数据收集、邮寄名单编排等工作。但令人沮丧的是，由于大部分民众包括试图参选的有识之士都不会操作这

〔1〕 胡泳，范海燕．黑客：电脑时代的牛仔．北京：中国人民大学出版社，1997：95.

么复杂的设备,加之搬运起来又过于繁重,以至最后没能掀起太大影响。吸取教训的黑客们旋即上马了新的"社区记忆"项目。这次他们搞到了一些 Hazeltine 1500 小型机并将它们布置在当地人常来常往的杂货铺和唱片店里,鼓励大家将之作为发表自由言论的平台,以达到突破政府和媒体垄断新闻话语权的状况。参与"社区记忆"的成员迈克尔·罗斯曼(Michael Rothman)回忆道:"项目的预定目标是形成高效率,不经过任何中介的互动机制,消除由一个团体控制双方的信息传递所带来的问题。它把利用信息的权利交给了公众,使他们具有更多的自由。在用户中没有哪个群体有权利比另一群体更多地获得重要的信息。"[1]"社区记忆"项目果然聚集了不少人气。可是令黑客感觉沮丧的是,大部分用户并没有如他们所料的将之作为网络"海德公园",而是热衷于发布绯闻八卦、中介广告以及其他各种乱七八糟的东西。黑客们虽然朝着突破精英垄断的方向做出了努力,却无法转变现实中大量的乌合之众,因而也就沦于单打独斗的境地,不能形成广泛的社会力量。

第一个方案的失败反倒让很多黑客看清了前途:他们并不是"高高在上的计算机"与"庸庸碌碌的普通人"之间合适的桥梁。计算机不仅脱离人民,实际上也脱离他们这些技术高手。他们连自己都未曾解放,却迫不及待地要去解放人民,又岂有不败之理。因此,第二个方案就变得清晰起来,那就是必须完全摆脱对 IBM、DEC 等主流公司的硬件依赖,发明真正廉价的计算机——如上一部分描述的那样,这些青年黑客就纷纷相聚在自家车库中摆弄了起来,并在 1975 年左右交出了自己的功课。最早的产品几乎都是爱因斯坦的小板凳,普通人依然不会操作它,

〔1〕 胡泳,范海燕.黑客:电脑时代的牛仔.北京:中国人民大学出版社,1997:99.

大公司则将其视为发烧友捣鼓出的电子垃圾。但是这"一小步"对黑客而言意义非凡,它意味着这些年轻人拥有了自己的地盘,并将有可能以之为基础把这些"电子垃圾"开发得更好——事实上这一"可能"在短短几年内就实现了,1981 年,IBM 公司转型推出 1 500 美元起售的 PC 就是最具象征意义的胜利标志。黑客为计算机、为人民,也为自己争到了自由,而且能够豪迈地宣告:不要瞧不起 PC,所有计算机生来都是平等的(All computers are born equal)。

PC 是一个异类。20 世纪 80 年代之前,整个计算机行业从未考虑过将他们的产品放到普通家庭的书桌上去。它们太大、太重、太耗电,而且丝毫看不出能够对家庭主妇提供哪些方面的帮助——你也不会斥资购买一台精密机床或水力切割机放在枕边吧。而今天我们得以将 PC 视为不可或缺的伙伴,实在要拜 70 年代那批青年黑客稍带私心的努力所赐:首先是他们需要 PC,随后又将它变得很好玩,最后我们就一拥而上了。从这个角度看,我们能够成为网民同样要感谢 PC。阿帕网不会因为没有 PC 就停止发展,但我们确实会因为没有 PC 而驻足于信息时代之外。

这一切是从 70 年代开始的。1970 年 1 月,Intel 公司成功开发出了世界上第一个计算机微处理器 4004。不过 Intel 显然也未注意到潜在的 PC 市场,因此这款处理器的主要用途是被塞进诸如血压监视器这类简易电子设备中担任蓝领角色。即便是比尔·盖茨这类大神,最初也只在谋划用它制造城市交通信息分析器赚外快的可行性。[1] 至于第一个站出来"吃螃蟹"的,要数美国 MITS 公司的创始人爱德华·罗伯茨(Edward

〔1〕[美]比尔·盖茨. 未来之路. 辜正坤,译. 1 版. 北京:北京大学出版社,1996:19.

Roberts)。罗伯茨的公司本来主营设备测试业务以及销售计算器产品。到1974年,由于销售业绩江河日下,公司财务危机严重,这位年轻的老板就想到了研发PC来赌一把。此时4004处理器已经过时,罗伯茨选择了新款的8080处理器,结合一个电源、两块电路板组建了最初的PC硬件系统。在这之外则是一个铁壳子,上面镶嵌一排排的转换开关和指示灯。这款相当"山寨"的计算机被命名为"牛郎星8800",并以397美元的价格推向市场。"牛郎星8800"的用户可以通过操作转换开关来对计算机下命令,向上拨是1,向下拨是0,而指示灯则会显示程序的执行结果。

"牛郎星8800"当然得不到普通家庭的青睐。首先它没有键盘、鼠标、显示器等便利的输入/输出工具。虽然通过连接纸带阅读器、磁带机、电传打字机等设备可以实现类似的功能,可买齐这些东西的价格要比"牛郎星"本身贵多了。其次更重要的是,这台始祖级PC还需要购买者自行编写软件才能使用,这就彻底将一般用户牢牢拦在了门外。但是在苦于买不到廉价计算机青年黑客眼里,"牛郎星"的出现无异于天降宝藏。他们几乎是第一时间就解囊订购,一万多张订单寄到了MITS公司,也将后者从濒临破产的境地挽救了出来。

伴随着"牛郎星8800"的出现,青年黑客群体中迅速掀起了一股仿制热潮。他们或者买来罗伯茨的产品加以升级改造,或者单纯借用前者的灵感自行白手起家。从1975年开始,这些青年黑客陆陆续续拿出了自己的成品或者半成品,并以俱乐部等组织形式集结在一起交流心得。这些小团体中比较有名的是"家酿计算机俱乐部"(the

牛郎星8800

苹果Ⅰ型计算机

Homebrew Computer Club)，其名称来源于对美国政府曾颁布禁酒令行为(1919—1934)的藐视。而“家酿”两字在现实条件下也充分表达了这些青年黑客对打破计算机高价垄断的信心。家酿俱乐部的会员中很多人后来成为声名显赫的IT精英，如李·费尔森斯坦(Lee Felsenstein)、鲍勃·马什(Bob Marsh)、史蒂夫·沃兹尼亚克等皆在此列。[1] 李·费尔森斯坦是该俱乐部的长期主持者，并在1981年研发了世界上第一款便携式计算机。鲍勃·马什创办了Processor Technology公司并生产名噪一时的SOL计算机。至于沃兹尼亚克则是一位顶级的计算机软硬件大行家。他曾经在家酿俱乐部展示功力，为“牛郎星8800”接上电传打字机和电视机分别充当“键盘”与“显示器”，将原本枯燥乏味的计算机一下子变得生动活泼起来，令其他成员振奋不已，以至于用“巫师”来称呼他。

苹果Ⅰ型的推出引起了一家试图进入PC市场的克莫多(Commodore)公司的注意。他们找到苹果公司表达了收购意向，但对乔布斯开出的10万美元报价却几经犹豫未能出手。

当PC在黑客群体中的需求量日益攀升之时，乔布斯等人也很快想到了成立公司进行规模化生产和销售。这不单是以MITS公司为榜样，同时也是这些青年深受商业文化熏陶的结果。于是乔布斯与沃兹尼亚克在1976年成立了苹果公司。他们在1976年3月推出的苹果Ⅰ型看上去还像菜市场里的电子秤那样，但1977年的苹果Ⅱ型就与今天我们印象中的计算机差不多了。苹果Ⅱ型除了在硬件上有所提升之外，最明显的是机身出现了经典的“苹果”标志，这是乔布斯聘请专业广告公司设计的。同时为了推广产品，乔布斯还接受广告公司的建议，将产

〔1〕 我们更加熟悉的乔布斯、盖茨等人与“家酿计算机俱乐部”关系浅薄。乔布斯可能参加过几次活动，但属于边缘人物。至于盖茨则没有加入这一组织，他在1976年反而以公开信的方式对“家酿俱乐部”之类团体和个人盗版Basic软件的行径表达了严重抗议。

品广告打在了《花花公司》的杂志上。

盖茨选择了从事软件行业，1975年，他与保罗·艾伦联合成立了微软公司。年轻的微软掌门人很快凭借其自主研发的 Basic 语言软件打动了爱德华·罗伯茨。当时盖茨在“牛郎星 8800”上用 Basic 程序模拟了一段宇宙飞船月球登录的画面，在一旁观看的罗伯茨顿时嗅到了浓浓商机——这表明他的产品不仅可以作为计算器来使用，而且能提供会计、统计、制表等与商业民生密切相关的功能。而这显然意味着 PC 的潜在用户将从有限的电子发烧友扩大到整个民用市场。因此，他立刻拍板与盖茨达成合作。在这之后，附带 Basic 语言的“牛郎星 8800”受到黑客热捧，盖茨也藉此为自己挖到了第一桶金。受此影响，其他 PC 厂商也纷纷向微软订购 Basic，正如今后它们还会继续向微软订购 MS-DOS 和 Windows 那样。

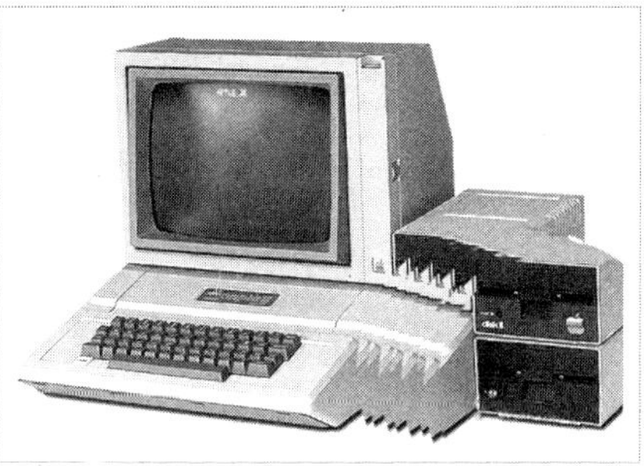

苹果Ⅱ型计算机

苹果公司同样为自己的产品实现了 Basic 语言界面，同时乔布斯大力鼓励用户自行研发基于苹果机的软件程序——直到今天他依然在这么做，并且提供了 APP Store 这样的在线交易市场。苹果的用户中果然有人奉献出了极好的程序，比如一款叫做“苹果作家”的软件能用于可视化文字处理，还能够连接打印机实现精美文字输出，很多人就是被这个软件吸引进而买下了整台 PC。另一款由丹·布里克林(Dan Bricklin)设计的“可视计算”电子表格软件则更让消费者趋之若鹜。其影响力甚至大到了乔布斯一度计划花 100 万美元将其买断，以防它被二次开发并安装到竞争对手产品中去的程度。有意思的是，丹·布里克林选择苹果而不是其他计算机开发“可视计算”，仅仅是动手之时手边恰好只有这么一台苹果Ⅱ型的原因。

Basic 语言最初由美国达特茅斯学院两位研究人员约翰·凯默尼和托马斯·库尔泽在 1964 年发明，主要用于小型机。比尔·盖茨则成功地将这一语言移植到了微机平台上。

苹果丽莎机

苹果在丽莎机上配置了当时最先进的软硬件设备，而其售价也达到了令人咋舌的10 000美元，这使得丽莎机长期处于有价无市的状态。1989年，苹果公司被迫将数千台滞销并且过时的丽莎机扔进了犹他州的垃圾堆。

苹果还是将鼠标与可视化界面带入PC的先行者。1973年，世界上第一台带鼠标和可视化图形界面的计算机在施乐公司的帕罗奥多研究中心(PARC)开发成功。然而PARC的工程师没有迅速将产品打入市场的商业头脑，于是这台划时代的计算机一直默默无闻地“宅”在实验室中直到1979年乔布斯来访为止。乔布斯一眼就发现了鼠标与可视化界面蕴含的巨大商机，很快将对方负责技术开发的工程师挖到了自己公司，并于1983年推出了自家带有鼠标和显示器的新款机型——为了表示骄傲，他甚至用自己女儿的名字“丽莎”(Lisa)为之命名。而同样的图形界面功能，微软直到1985年的Windows 1.0操作系统上才得到了实现。

随着PC软硬件效能的不断提升，终于到达了“惊扰”市场霸主IBM的地步。在此之前，IBM根本不把PC当回事儿，认定这只是一小撮硬件发烧友私下交流的玩物而已。对这种需要高技术、高智力才能驾驭的电子产品拥有民用市场前景的展望在很长时间里都被斥为无稽之谈。然而当PC日甚一日地表现出它对普通家庭生活的重大帮助时，IBM立刻排出了打造自家产品的日程表。硬件方面自然毫无问题，操作系统方面IBM倾向于“外包”使用当时占据主流地位的CP/M。然而当IBM与CP/M的拥有者“数字研究公司”进行联系时，后者正在外度假的老板加里·基尔达尔(Gary Kildall)轻率地要求等他回来再谈。这一举动显然让惯于傲慢的IBM极为不爽，于是立即终止谈判并选择了“备胎”微软公司——当时IBM新任总裁欧伯尔与比尔·盖茨的母亲友谊深厚是一大原因。

盖茨接到这样的大单自然一口应承，然而当时微软公司的主要产品仍是 Basic 语言程序，并没有开发操作系统的经验，而从零起步开始研发时间又来不及。于是盖茨耍了一个日后深为黑客诟病的花招，他从一个名叫蒂姆·帕特森（Tim Paterson）的程序员手中以 75 000 美元的低价买断了后者开发的 QDOS 操作系统，经过一番改头换面后命名为 MS-DOS 提供给了 IBM，并随即捆绑在了后者于 1981 年推出的 PC 上。在与 IBM 的谈判中盖茨依然尝尽甜头，MS-DOS 的版权归微软所有。盖茨不但可以从 IBM PC 的销售中分成，更可以自由地将 MS-DOS 出售给其他 PC 厂商。1980—1981 年的忙碌为微软公司日后长成千亿美元身家奠定了基础，而蒂姆·帕特森成了蒙在鼓里的冤大头。

1981 年 8 月 12 日，IBM 正式推出了自家的 PC 产品，售价为 1 500～6 000 美元，当年年底即完成 4 000 万美元的销售额。1982 年，IBM PC 卖出了 20 万台，苹果Ⅱ型卖出了 27 万台，其余各种品牌的 PC 机也迎来了销售的高峰。“蓝色巨人”的华丽转身除了代表自家经营模式转变之外，也宣告了基于 PC 的家用计算机时代开启。这个由一群草根黑客打造的“山寨革命”，结出了意想不到的硕果，然而却也将在新的十年里促成自身群体的分化。

IBM PC 的历史贡献除了成为计算机市场向民用倾斜的风向标之外，更在于它率先使用了统一而开放的内部架构。这一措施塑造了强大的兼容性，各大硬件厂商均开始生产符合 IBM 架构接口的产品，从而使得“硬件 DIY”成为可能。

如今你可以找到成打对 PC 歌功颂德的文章。其中充满了诸如“带领普通人进入多彩网络天地”、“开启人类智慧联通之门”乃至“深刻改变世界政治经济现状”的赞语。PC 当得起这些赞誉，但我们更需要感谢那些幕后的黑客。假如他们未曾研发 PC，今日世界会是怎样？显然 IBM、DEC 等公司会继续只为政府、企业和科研院所提供设备，计算机对大

IBM PC

众而言将保持如实验室器材那般陌生。由于用户偏少、上网费用居高不下,数字化的多媒体资源只会在 Sony 等公司的终端产品上出现。更重要的是,整个网络还是“不自由的”程序员们用以寄身的小天地。这里也许会出现跨国入侵,也许会流行病毒木马,但这一切将与我们普通人无关。“黑客”一词也无法在公众中获得知名度。我们看到媒体报道“入侵计算机”将如同听闻欧洲粒子加速器可能制造黑洞那样陌生和漠然。

乔布斯与盖茨算不算黑客

PC 的诞生在黑客文化史上无疑具有里程碑意义。它使得黑客摆脱了常年以来对主流势力的硬件依赖,得以向着“草根”方向日益背离远去。使用小型机的黑客们很难拥有这样的自由,因为他们本身从属于大学、研究所或实验室,这些令他们深感束缚的机构同时担任着衣食来源的角色。是以如果你不能具备如理查德·斯托曼那样壮士断腕的意志,就不得不时时提醒自己收住一颗飘逸之心。

但 PC 必然改变这一切。它廉如电视机的售价使得“获取”成为个人独力即可完成的动作,因此它就迅速完成了对绝大多数黑客的武装——此时正值 70 年代的中后期。获得武器的战士无疑需要一片战场,如果当时的 PC 可以作为终端直接联入阿帕网或 Unix 网,或许它朝向民用的发展势头就不会如历史上那样迅猛。但事实是联网的道路被堵死了,黑客只能设法使 PC 本身成为富有乐趣的小世界,这就为它日益萌发出通俗的吸引力奠定了基础。

IBM 对 PC 的笼络可以不仅仅视为一种商业手段。试想一下,如果它坚持对 PC 置之不理将会如何？这家公司在上世纪 40 年代就曾为自己的傲慢与短视付出过代价。当时仍以制表打孔机为主营项目的 IBM 宣称看不到计算机的市场前景,直到 50 年代才靠着亡羊补牢以及身大力不亏的优势后来居上。但在那个年代,计算机尚未深入民心,也没有网络支持,我们可以把这样的行为视作纯粹的商业竞争。但是 PC 的时代有所不同,它廉价而日益亲民,网络对之的支持只是时间问题。无视 PC 的后果不仅仅是丧失商业市场,更将以民心所向为代价听任黑客群体完成一次显性的文化革命,届时普通家庭喜迎 PC 入户的景象将无异于白金汉宫的皇家仪仗队员纷纷穿上 S/M 皮衣那样。避免这一尴尬局面的办法就是将 PC 接过手中,承认它的非异端地位,用正统商业文明的秩序来规范和引导它,最终以主流符号的身份将它送往千家万户。假如以上段落让你读着发晕,那只要将 PC 换成卫星锅之类设备再想一遍就能明白少许。在很多国家,卫星锅同样被定为非法,它以及它们的制造者一直面临着 70 年代黑客的类似处境。

当我们试图了解黑客转型为 IT 精英的心路历程时,作为 PC 领军人物代表的乔布斯与盖茨是很好的典型。经典黑客并不排斥创业,但是力主其行为不要受到商业铜臭味的污染。从历史上看,无论是硬件还是软件都曾因为牢牢握于人手而成就黑客的记忆伤疤。PC 诞生之后,通过摩尔定律可以明确硬件将不再那么容易奇货可居——这正是乔布斯的苹果公司与黑客群体长期关系交好的原因之一。但是在衡量软件,即程序员的智力成果价值方面,并不存在一个类似今日 Google 公司 Smart Pricing 那样的系统。如果商业文化迫使程序作品封闭源代码并高价出售,势必极大损害黑客的共享传承精神——后来的事实果然印证了这一忧虑,而且比尔·盖茨的闭源、抬价等举动看上去一点儿也不像是被迫所为。由此微软产品惯于遭受攻击、破解而盖茨本人也长期受到黑客的批评谴责就一点也不难理解了。

乔布斯与盖茨走上不同的道路还与他们的专业背景差异有

关。乔布斯并不是正统程序员出身，嬉皮士的背景让他几乎荒废了大学学业。他虽然懂一些电路设计，但更多时间放在了研究体会东方哲学与冥想当中。因此，业界不乏有声音否认乔布斯的黑客血统，很多人认为他不过是一个脾气执拗，偶尔能从冥想中获取设计灵感的外行怪物。比如说他曾因为感觉 iPhone 手机内部电路板“不够美感”而坚决要求设计师返工[1]，另一名 Mac 设计师则直接因为产品模型表面能看到一颗螺丝而遭到解雇。[2] 而其所谓在苹果计算机设计中的“汗马功劳”，其实只是当真正的程序专家沃兹尼亚克忙到深夜时负责下楼买消夜而已。这种简单的“唯技术论”本书当然无法同意。虽然乔布斯就编程而言是个门外汉，但他在硬件方面无与伦比的创意头脑同样是能被黑客认可的。借用以研发 Macintosh 而享誉 IT 界的著名黑客布瑞尔·史密斯(Burrell Smith)的话说：“任何职业都可以成为黑客。你可以是一个木匠黑客。不一定是高科技。我认为只要与技能有关，并且倾心专注你正在做的事情，你就可能成为黑客。”[3]更重要的问题在于，乔布斯身上的草莽“痞气”并没有随着他进入主流商圈而稍显褪色。苹果从早期产品 Macintosh、Lisa 再到如今风靡全球的 iPod、iPhone、iPad 无不流露着一种特意与正统工业设计背道而驰的叛逆思想。这一特点恰好击中了挤满脚本小子的青少年数码人群的心坎，从而保持了乔布斯在黑客世界正面而积极的形象。

但是情况在比尔·盖茨这里呈现很大的不同。盖茨有一个黑客程序员的典型生长过程。他在 PDP 计算机上学到了最初

---

〔1〕［美］丹尼尔·莱昂斯．乔布斯的秘密日记．刘宁，译．1 版．北京：中信出版社，2010：2.

〔2〕乔布斯用人黄金法则．http://book.qq.com/s/book/0/24/24008/4.shtml.

〔3〕［芬兰］派卡·海曼．黑客伦理与信息时代精神．李伦，魏静，唐一之，译．1 版．北京：中信出版社，2002：6.

的本事，并且年仅 13 岁就因为私自闯入美国 CDC 公司的 Cybernet 网络而被少年法庭处以“远离计算机一年”的处罚。对技术的精通使他选择了开创微软帝国。他的公司在自身技术实力以及人脉宽广的父母帮助下取得了很好的业绩，但是烦恼也随之而来：一方面由于他采取封闭源代码的软件发售方式，惹恼了主张开源（甚至免费）的经典黑客群体。另一方面由于软件复制起来很容易，致使从 Basic 到 MS-DOS 再到 Windows 等各类产品均遭受严重的盗版行为。后者使得微软公司的盈利大打折扣，而前者则让具备黑客精神的程序员不怎么愿意加入盖茨的团队。特别是当微软凭借 Windows 操作系统最终成为商业软件霸主之后，以上两方面的矛盾日益显得激化起来。投身微软对于黑客来说宛若绿林高手接受朝廷招安一般，而比尔·盖茨本人也日益被魔化为类似《黑客帝国》中母体设计师那样的角色。在接受史蒂文·利维的采访时，盖茨慨叹自己早已与“黑客”渐行渐远，但他主要是从技术能力而言的。理由是真正的黑客不会休假，而他每天公务缠身，早已不可能复制 17 岁以前的生活。这一解释在经典黑客看来当然苍白而虚伪，如斯托曼、李纳斯等人同样非常忙碌，但并未导致其技术身份发生改变。而乔布斯的所作所为更为黑客在投身商海之后依然能尽力保持本色树立了标杆和典型。因此，盖茨的说法完全不值得相信，他无非是试图以纯技术的概念掩盖其全盘接受商业文化收编的实质罢了。

盖茨对盗版的纵容

对于以微软为代表的商业软件公司来说，来自黑客群体的鄙夷之情往往可以扭过脸去假装看不见。因为商业市场无限宽广，能为了一点并不能转化为财富的精神理念而放弃优厚工作待遇的硬骨头程序员毕竟只是少数。但是在对待盗版问题上他们就不得不集中精力全力应对。盗版是因版权制度而引发的概念，指的是在未经版权所有人同意或授权的情况下对其拥有著作权的出版物和作品进行复制、修改以及再分发的行为。它的英文单词 Pirate 同时指称“海盗、劫掠者”，显然是因为两者存在着“未经所有人同意”以及“强行抢夺”这样的共同特点。从历史上看，印刷术(即大批量复制技术)的发明是盗版产生的直接前提之一，在此之前书籍通过手抄方式传播，读者更为关注的是书中信息而非载体本身。因而此时无所谓盗版概念，一部书被多人传抄反而是对保存知识文化作出了贡献。

盗版产生的另一重要前提当然是版权制度的建立。15 世纪后期在英国已经产生了最早的著作权法令，它是“由英王以缴纳特权费为条件授予商人的一种垄断的印刷权”[1]，主要维护出版商而不是作者的权益。而根据国内学者的研究，中国甚至在更早的南宋时期就有了类似的法规。本书无意对此进行深究，总之正如我们在《黑客的文化精神》部分谈到的，以维护版权、著作权为核心的 Copyright 制度，特点是建立在信息载体无法被完美复制的基础之上，同时主要保护实物载体而非信息本身。这两种特点在数码领域完全呈现不一样的情形。举例来说，很多人会拒绝购买地摊上标价 25 元左右的“合订本”《明朝那些事儿》而宁愿花近 10 倍的价格从书店捧回其“典藏版”。这是因为前者虽然内容并无太多差池，却有着纸质低劣、字号偏小甚至错字连篇等典型的盗版特征。但是当同一地摊上展示着 8～10 元的盗版 Windows 7 旗舰版光盘的时候，就很少再有人去注意连邦软件门口“仅需 2 460 元”之类自以为是的亲民广

---

〔1〕 著作权与文化传播:法律牵制下的微妙平衡. http://academic.mediachina.net/article.php? id=1285.

告。原因是这两处提供的光盘用起来感觉实在差不了多少。而如果前者恰好是“番茄花园”之类美化版本的话,那么对中文用户的体贴甚至更加无微不至——本书会在下一部分介绍相关情况。

由于这样的原因,是以当比尔·盖茨创立的微软公司迅速确立“软件程序=现实商品”的经营理念后,Copyright 的软肋必然会以问题的形式降临在他头上。至少有三类人对以 Windows 为代表的商业性“专有软件”充满了攻击性。首先是骇客,他们担任国际性软件盗版产业链的先锋官,负责解除商业软件以注册、加密等形式布置的防护体系。其次是经典黑客,当他们中的某些人感觉以 GPL 等方式作为回击收效甚微之时,找出软件漏洞并予以攻击或公布就能对研发机构的股票指数造成相当直接的影响。再次则是一些红客,特别是位于俄罗斯、东欧的青年技术高手。虽然他们并不拒绝受金钱雇佣,但同样会出于对美国在北约、车臣等问题上所作所为的愤慨而无条件发泄怒火。

软件公司为了消灭盗版几乎绞尽了脑汁。除了保护神 Copyright 所许诺的法律制裁之外,降低售价是经常被祭出的法宝。但是正版软件的研发、包装、广告、销售方面总归需要相当成本,因此指望以价格战击退无本万利的盗版机构总是希望渺茫。此外感情因素也会被用来维护商业利益。比如在国内一些以发布破解游戏闻名的论坛上,知名的“国产大作”往往搜不到任何“破解”、“下载”信息。原因是相关厂商已经与论坛就“保护国货”达成了协议。因此,同一论坛中就呈现了冰火两重天的奇景:讨论国外游戏的板块中有关破解、免安装、Reloaded 之类信息漫天飞舞;而国产游戏的板块中则醒目地悬挂着“支持正版”、“爱用国货”等高尚旗号,求取盗版的帖子会遭到沉底或删除处理。在这里国家利益、民族情感显然被当成了克制个人私欲的符咒,但这种试图以道德情绪力量来抵御免费资源诱惑的努力不但维护成本极高，而且大有可能在另一情境空间中轻易走向反面——比如同一论坛的日本游戏板块，“支持正版”的声音会被民族义愤的口水完全淹没。

对待盗版的另一“高招”则是听之任之，比尔·盖茨对之的运用可谓炉火纯青。虽然这可以视为在无法彻底消灭盗版的前提下做出的无奈之举，但是当微软已经对商业利润受损做好充分准备之后，盗版所能带来的潜在利益也将被它笑纳入怀，那就是因“免费”而培育出的庞大用户群。这种做法当然并非盖茨的首创，在杰夫·贾维斯的《Google将带来什么》一书中谈到的巴西作家保罗·科尔贺(Paulo Coelho)即对自身作品遭遇盗版表现出了极大的宽容：

> 科尔贺在俄罗斯认识了免费的价值。在那里，他一本书的盗版译本被放到了网上，结果他的正版书的销量在不到3年的时间内就从3 000本蹿升至10万本，然后又蹿升至100万本。“所以我得说，这可能是那个盗版译本的功劳。”科尔贺在他的巴黎寓所中告诉我，“类似的事情还发生在英国人、挪威人、日本人和塞尔维亚人中间。如今，当图书以硬拷贝的方式发行时，销量是颇为可观的。有证据显示我又做对了。”他相信，这种盗版行为帮助他变成了当今还健在的译作销量最多的作家。[1]

而在数码作品领域，也有“半条命”(Half Life)公司的高管发表过以下断言：“盗版玩家并不等于小偷，他们实际上只是得不

〔1〕 追寻最紧迫的问题：Google将带来什么. http://book.qq.com/s/book/0/17/17789/19.shtml.

到周全服务的潜在客户。如果厂商能做好本地化问题，并让不同地区的游戏发行时间尽量一致，盗版率将会大幅下降。而按这种思路来看问题，你会发现这里面蕴含着商机。”[1]这些思想正可以用来解释微软对 Windows、Office 等核心产品在个人用户市场虽广泛遭遇盗版却表现出强大包容心态的原因：当某一用户习惯使用微软产品，他就不再愿意重新学习掌握其他同类型软件。当越来越多的用户习惯使用微软产品，新人也会在“羊群效应”的指引下选择安装和使用 Windows。前一情形是腾讯公司的“财付通”无法分化“支付宝”用户的根本原因，而后一情形则是 QQ 能够战胜 MSN、新浪 UC、百度 HI 等竞争对手的生动写照。

在微软不惜为占领市场每年凭空蒸发数十亿美元销售额后，盖茨获得了丰厚的“回报”。首先 Windows 与 Office 成为了事实上的 PC 操作系统和办公软件首选。以中国为例，由百度发布的 2011 年 4 月 PC 操作系统市场份额调查显示，Windows 的“两大”竞争对手 Mac OS 和 Linux 所占比重加起来还没超过 1%（见“2011 年 4 月中国 PC 操作系统市场份额统计表”）。用户对 Windows 产品的习惯性依赖导致后者的竞争对手难以打开市场局面，而微软的相关衍生产品却可以堂而皇之进入用户视线并迅速赢得关注。而当这些惯于使用盗版 Windows 的年轻人成长为消费主力时，他们对品牌的忠诚度导致自身很有机会变身成为微软的真正消费者。此外，盖茨还得到了一些意想不到的收获。比如因为用户量巨大，致使文件格式资料并不公开的 Word(.doc)文件成为了事实上的通用标准。任何竞争对手的产品都不得不首先通过逆向工程技术实现对.doc文件的兼容才谈得上与 Word 媲美，而这种形式下它们当然输多胜少。

---

〔1〕 破解黑客是否正在掀起“网络恐怖主义”. http://news.17173.com/content/2011—05—10/20110510143554386,5.shtml.

2011年4月中国PC操作系统市场份额统计表[1]

类别	操作系统	占比
微软 Windows	Windows XP	86.38%
	Windows 7	10.78%
	Windows Vista	1.62%
	Windows 2003	0.43%
	Windows 2000	0.09%
	其他	0.01%
苹果 Mac OS	Mac OS	0.52%
Linux	Linux	0.17%

黑客对商业软件公司借助“私有软件”大发横财的情况非常不满。他们表示，即便不在此涉及 Copyleft，那么使用经典经济学中的边际成本概念也能清晰看出其中的贪婪：假设比尔·盖茨是个能种10亩地的农民，那么当他希望将耕作面积扩大10倍，也就必须同时付出10倍的成本。但是这种成本叠加在软件业却不起作用。当一份 MS-DOS 或者 Windows 操作系统完成之后，就已经无须追加智力活动。发行1万份还是1 000万份的区别只是光盘生产线运行时间的长短而已。由于光盘成本相对于软件售价而言极其低廉，因此发行量越大边际成本也就越趋近于零，但每个拷贝的零售价格却并未因此而降低。事实上，这正是以微软为代表的一干软件公司得以暴富的主要原因。

不过黑客的抗议并不能招致微软公司的“高度重视”。对后者来说，如何应对势如决堤的盗版风潮才是当务之急。如果不能成功收割“以盗版换市场”策略生成的果实，那么企业将受到

[1] 最新中国网民电脑操作系统的市场份额信息. http://hi.baidu.com/tongji2009/blog/item/c1c52c32b057d554ac4b5f59.html.

致命性的打击。因此,在 Windows XP 的系统中,微软启用了正版验证工具,盗版系统安装这一补丁后会定期出现黑屏现象。在 Windows 7 中,更强大的激活技术只允许未授权用户使用 30 天。而在最新开发的 Windows 8 中,甚至准备借助云技术来强制进行在线验证。不过这种技术策略在网络世界里势必只能导致“魔高一尺道高一丈”的鏖战局面,微软始终认识不到盗版泛滥的根本原因在于程序作品的本质属性未能得到正确的理解。如姜奇平所说,比尔·盖茨因身处工业化社会而无奈拥有了历史局限性。微软帝国尚未等到互联网络的兴起就已经傲然挺立于世。它们对以工业化方式包装销售程序员智力成果的稔熟,导致了自身在进入知识经济和信息社会后终于呈现技术疲态。[1]

盖茨的 IT 同行们大都也在犯着同样的错误,因而盗版的阴影从一开始就注定挥之不去。反倒是身处“世外”的斯托曼、李纳斯等人看清了现实。Copyleft 将代码视为信息的做法无疑比 Copyright 更加适合网络经济,开源也堪称最大程度利用网络“闲置智商”的良策。但是这种来自亚文化群体的颠覆性变革主张自然不可能轻易动摇根深蒂固的商业文明。为此,斯托曼甚至不无颓丧地叹息道:“我是一种死亡文化(黑客文化)的唯一幸存者,我不再属于这个世界。从某种意义上来讲,我感觉我已经死了。”“我多么希望在我出生的时候我就掐死自己,我们的世界是非常美好的。如果让我回到从前,自己结束自己的生命,我觉得我就不会那么做了。但是,我真的希望我不再承受这么多痛苦。”[2]

不过随着形势的发展却出现了让盖茨和斯托曼都意想不到的局面。网络经济时代的崭新特色非但使得盗版问题变得容易

〔1〕 姜奇平:对盖茨的历史评价. http://tech.163.com/06/0619/09/2JVKG3LC000915HL.html.

〔2〕 [美]史蒂芬·利维.黑客:计算机革命的英雄.赵俐,刁海鹏,田俊静,译.1版.北京:机械工业出版社,2011:341.

解决，同时也将“自由软件”与“私有软件”所谓针锋相对、不可调和的矛盾趋于消弭。这一变革的重大特征之一就是重新定义软件的性质。将之从“待售商品”转变为“提供服务的技术基础”，也就是昔日“专有软件”的拥有者不再将出售商品作为主要的盈利方式，而将之改成以软件为基础的服务工作。

Google、Facebook 这样的新型网络巨头就是这一变革的代表。它们在积累同样富可敌国财产的同时，呈现出了与微软公司大相径庭的经营理念。Google 和 Facebook 的“软件作品”是以网站服务形式出现的搜索引擎和交友系统。它们完全免费对网民开放，而后者以集腋成裘的人气流量在逐渐为前者提供巨大的广告收入——当然这只是获益的方式之一。在这一股新经济浪潮中大批旧盈利模式被迫进行变革。比如当免费邮箱、免费网盘提供的服务已经足够优秀的时候，它们的收费同行不得不面临被淘汰的危机。即便在数码资源领域也出现了类似情况，很多商业网站纷纷买下正版资源并免费向网民提供。比如昔日曾背负盗版恶名的百度 MP3 在斥资与唱片公司合作后已经转型为正版下载基地，而视频网站优酷同样提供了“爱酷”之类下载工具方便用户保存任何感兴趣的影音资源。

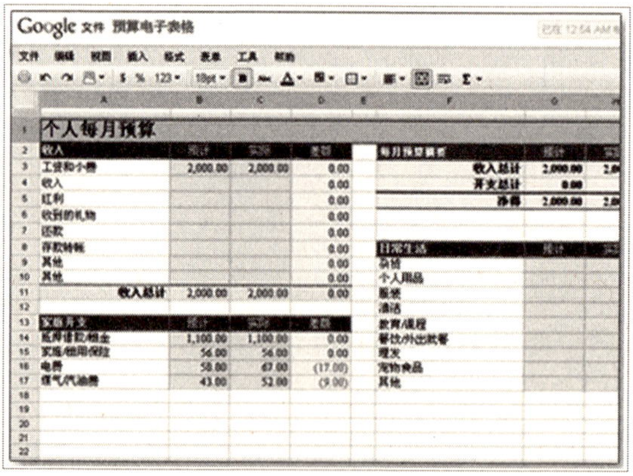

Google 的免费在线电子表格程序

即便仍然以桌面终端工具身份出现的软件也呈现出了崭新的面貌。其最大的特色就是统一向免费方式转型。十年前的中国网民在组装新款 PC 时无不对“N 合一”的盗版软件光盘趋之若鹜，但在今天情况已经大不相同。当需要媒体播放器时，有免费的暴风影音、QQ 影音可选；当需要下载工具时，有无偿的迅雷和快车可用；当需要聊天工具时，QQ 和 MSN 也都不用花钱。甚至如 Office 这样的必备工具也遭遇了“免费网络办公软件”的挑战。因此，当国际商业软件联盟宣布中国的软件盗版率有所下降时，其原因并不仅仅在于网民财富或素质的提升，这些免费软件的出现同样功不可没。

当软件程序突然失去商品身份，对之的盗版行为自然丧失了意义，因此“唯有免费才能战胜盗版”成了颠扑不破的真理。盗版光盘昔日曾在法律的围剿下虽东躲西藏却“生机勃勃”，可是当网民的带宽足以支撑他们从网络中获得相同资源时，即便 5～10 元的“成本”也变为前者生存的绊脚石。因而随着“光纤入户”等计划的开展实施，向来在电子市场中屡禁不止的盗版资源一夜之间丧尽了活力。而网络盗版软件同样会在遭遇上述免费软件后走上末路。至此我们甚至可以得出这样的结论，所谓盗版，并不是 Copyright 的天然敌手这样简单，它本身就是 Copyright 如影相随的伴侣。消灭盗版的最好途径就是消灭 Copyright 所代表的著作权制度本身——即所谓圣人不死，大盗不止。当然这一方案在现实世界中是否具有可行性还有待商榷，不过在数码空间中确实已经得到了有力的证明。

我们再来看开源的问题。由于在网络经济时代软件可以不被当成待售商品，因此开源与否就商业利益而言就变得不再那么敏感了。如苹果公司由 Mac OS X 的内核 XNU 再加上一些驱动核心组件构成的“Darwin”就是一个开源项目。而其浏览器软件 Safari 以及谷歌公司的浏览器产品 Chrome 也同样基于开源项目 WebKit 旗下。虽然它们遵循的开源协议未必都有斯托曼的 GPL 那么严格，但至少能够保障程序代码在公开而协同的编制方式下变得越来越好。网络经济时代也同时改变了黑客的工作方式。在 Google、Facebook 这样的公司，程序员被获准首先

在线软件是“云技术”或“云计算”(Cloud Computing)的一种具体运用。云技术的发展前景是将一切本地化的软件运用均转化为网络在线形式，届时的计算机无需安装操作系统，只需一个浏览器软件即可完成所有应用。但云技术对安全和隐私如何进行保障，仍然是当前备受争议的话题。

充分发挥想象力而不是完成进度表。Google 允许员工把自己的灵感转化为工作项目,失败只当付学费,而成功则予以奖励。这家由两名年轻黑客拉里·佩奇(Larry Page)和谢尔盖·布林(Sergey Brin)创办的公司还提供了与主流商业文化大相径庭的工作环境和理念,比如可以带宠物和玩具上班,孕妇有专用的哺乳空间,等等。如果工作中途感觉疲惫,那以下均是你可用的选择:

(1) 隔音太空舱:如果工作累了,可在这个太空舱好好休息一会儿。该娱乐设施不但可隔音,而且能阻挡任何光线进入。

(2) 回到幼儿园:每层办公楼之间都安装了一个滑梯。除了娱乐功能外,还可供员工们在发生火灾时紧急撤离。

(3) 美味佳肴:在上班时间,Google 员工可随时到食堂就餐,食品种类也丰富多样。

(4) 技术创新:办公大楼随处可见白色书写板,目的是方便员工随时记下各种新创意。一位 Google 产品经理对此表示:“你坐在办公室时,灵感并不一定会来;或许就在你走动时,灵感就会如期而至。”

(5) 轻松一下:在很多办公区域,很容易找到台球、视频游戏等娱乐设施。

(6) 打个电话:办公楼每层都设立一个电话室。每台电话机都安装在经过装饰的小屋当中,以方便 Google 员工处理私事。

(7) 专业按摩:身心疲倦?这儿有专业按摩师在等着你。

(8) 全身放松:躺在可调节的按摩椅上,然后看着水族箱，好好放松一下吧。[1]

Facebook 为程序员们提供的工作自由一点也不比 Google 差劲。年仅 27 岁的 CEO 马克·扎克伯格(Mark Zuckerberg)表示他们的工作理念即建立在一种黑客文化精神之上："我们从一开始就不空谈大理论，而是连续几周的时间都攻关这个项目。我们的目标就是快速开发出产品。""一个优秀的黑客相当于 10 个或 20 个工程师，我们尝试着去理解他们。我们想成为优秀黑客的乐园，因为公司的文化已经确立了，所以他们可以快速开发产品，专注于产品研发，他们的优秀表现一定会得到公司的认可。"[2]在 Facebook，每隔一段时间都会举办"黑客马拉松"比赛，让员工在一夜之间想出好的观点并完成一个项目。为了充分犒劳部下，扎克伯格甚至将 Google 的大厨都用高薪挖了过来。这种新型的生产、工作理念正让微软这样的昔日 IT 先锋变得古老和陈旧，一大表现是美国高校的计算机精英在择业时已经明显将目标对准了 Google、Facebook 这样的公司。

淋湿苹果的"雨雪天"

同样属于"变节者"的乔布斯在黑客群体中的口碑要比盖茨好不少。这首先与公司主营产品的性质有关。苹果主要生产销售硬件类实体产品，因而免于成为 Copyleft 与 Copyright 斗法的主战场。其次，乔布斯又明显具有倾向草根、叛逆和反主流的个人魅力，并将之充分体现在了产品的设计理念当中，从而以"身

〔1〕 谷歌员工幸福生活　累了就进隔音太空舱. http://www.it.com.cn/f/news/087/28/631461.htm.

〔2〕 [美]史蒂芬·利维. 黑客：计算机革命的英雄. 赵俐，刁海鹏，田俊静，译. 1 版. 北京：机械工业出版社，2011：343－344.

在曹营心在汉”的形象有效削弱了黑客对之的敌视。最后,则是上文说到的,苹果也颇为主动地加入了不少开源项目,并利用其经济优势为弘扬黑客文化作出了一定贡献。但是这些情形的存在并不代表苹果与黑客之间就形成了和谐社会。最明显的例子当属其 i 系列产品。当乔布斯选择以死板的固件程序限制广大用户选择自由的时候,一场来势汹汹并至今波澜壮阔的破解行动就立刻排上了黑客的活动日程。

苹果公司从 2001 年开始发布 i 系列产品,这也是乔布斯自 1997 年重掌大权后推出的新世代计划之初音。自此从 iPod 媒体播放器到 iPhone 手机再到 iPad 平板计算机,苹果产品以其强大的功能和“不走寻常路”的设计理念风靡了全世界,成为引领数码通讯潮流的宠儿。但是令很多消费者苦恼的是,i 系列产品却天生附带很多使用限制,其中最麻烦的是禁止用户安装第三方软件,只能在苹果官方的在线 APP Store 中下载或购买。

平心而论,APP Store 的存在是有很大正面意义的。首先,其中的软件均经过苹果审核,安全系数很高。其次,这些软件基本都是黑客业余开发的,通过在线发布或出售能为他们带来人气和收益(当然苹果会进行分成),这显然有助于黑客文化在金钱的支持下得到持续运转。不过这一切在苹果用户眼里看着却相当不爽:如果 APP Store 仅仅是提供一个参考也就算了,现在的问题是它成了唯一渠道,这就势必造成很多麻烦。首先是费用问题,买软件要钱,在线访问(特别是通过手机)也要钱;其次是技术障碍,比如购买软件需要通过 Visa、Master 等国际信用卡,这对于习惯于使用支付宝、快钱等手段的中国网民来说就是巨大的问题。最后 APP Store 的审核标准也常常为人诟病。比如一款可以实现共享上网的 NetShare 软件虽然求者众多却被禁止上架。另外一款能让用户主屏幕显示硕大钻石的 I am Rich 软件同样被拒绝进场。对于这些软件的下架,苹果部分给出了原因，部分则保持沉默。

时间一长，本意不坏的 APP Store 就被用户视为一个电子监狱了。如果想摆脱苹果的控制，安装 APP Store 以外的软件（其免费比例当然会远远提升），就必须进行“越狱”。“越狱”如今已是伴随苹果数码产品的热门名词，它是一种用技术手段修改产品内部固件程序以破除软件安装限制的活动。鉴于苹果公司的显赫地位以及破解固件的技术难度，全世界大批黑客都被吸引到了“越狱”活动之中。这些黑客组成了若干名为 dev team 的战斗小队[1]，其中比较著名的有 iPhone Dev Team、Chronic Dev Team 等。iPhone Dev Team 陆续开发了 PwnageTool、Redsnow（红雪）、Ultrasnow（暴雪）等多款越狱和解锁工具。Chronic Dev Team 则把主要精力放在唯一的作品 Greenpoison（绿毒）之上。此外，还不得不提的是一位年轻的独立破解者乔治·霍茨（George Hotz）。他早在 2007 年 8 月即完成了对第一代 iPhone 手机的完全解锁。当时苹果的粉丝对霍茨手里这台解锁 iPhone 趋之若鹜，最后竟有人用一辆日产 350Z 跑车和三部未破解的 iPhone 手机为代价将它换到了手中。2009 年以来，霍茨先后推出 Purplera1n（紫雨）、Blackra1n（黑雨）、Limera1n（绿雨）等破解程序，它们和上述其他软件一起构成了苹果头上阴霾的“雨雪”天气，也在同时帮助全球无数 iPod、iPhone 和 iPad 用户脱离了“牢狱之灾”。

就这样，苹果公司的产品慢慢形成了怪异的升级路线。苹果官方定期放出更新版的固件程序。这些程序可以帮助用户获得更多功能，并弥补前作的漏洞。但是大部分已经“越狱”的用户不会选择第一时间更新，因为安装这样的程序后会让自己的产品重新回到“牢狱”状态。他们纷纷耐住性子，等待黑客破解

霍茨对索尼公司 PS3 游戏机的破解引起了后者的诉讼，为躲避追捕他一度逃到南美。2011 年 4 月霍茨以承诺“永不参与涉及索尼的技术保护破解活动”为代价躲开了官司。而这一“屈辱条约”据称成为黑客组织 Anonymous 从 4 月起开始攻击索尼网站的导火索。

---

[1] dev 在这里很可能是 developer（开发者、实现者）的意思。

小组以及乔治·霍茨这样的孤胆英雄找到新版本的漏洞并发布“越狱”程序，然后才选择升级。

于是问题就来了。难道苹果公司不清楚有这样的情况吗？要知道无论是 iPhone Dev Team 还是 George Hotz，都拥有自己的公开主页以及 Twitter、Facebook 账户，并且也定期通过这些媒介发布自己的研究进程。乔布斯何以能够容忍此类明显损害公司商业利益的事情一再发生呢？这里的原因恐怕也有好几点。首先，并不是所有购买了 iPhone、iPad 的用户都会选择“越狱”，后者的拥趸主要是以脚本小子为主的男性青少年消费者。同时由于破解不完善、本身技术失误等原因，“越狱”以失败告终甚至整成“白苹果”的例子也吓退了不少本来跃跃欲试的用户。因此，从总体看，可以说大部分苹果用户还是老老实实访问 APP Store 并解囊付款的。黑客的存在并没有让 APP Store 变得名存实亡，反而“越狱”在从技术凝结为文化的过程中进一步夯实了苹果产品的死忠群体。其次，苹果公司本身是由黑客创建发家的特点致使管理层——特别是乔布斯在位的情况下——在对待“越狱”等问题上不免首鼠两端。美国 IT 界黑客氛围浓厚，苹果公司更是其中重镇。如果苹果公司选择对“越狱”痛下杀手，成效如何暂且不论，但在 IT 界与黑客圈子中势必大大失去人心。在这一点上，微软已有前车之鉴，乔布斯当然不肯轻易重蹈覆辙。

最后，苹果也并非对黑客的行为全然无动于衷。比如它们曾向美国版权局提交了长达 27 页的声明，称黑客私自更改苹果手机设置违反了《数字千年版权法案》，要求版权局根据相关法律予以处理。不过这一申诉并没有换来雷厉风行的打击活动。这里的一个关键因素在于上述破解活动仅限于“技术交流”，霍茨等人并没有公开叫卖他们的“越狱”软件。因此，舆论普遍站在了黑客以及广大苹果消费者这边：苹果公司对自家产品作出的种种限制是可笑而无理的。没有哪个手机厂家可以禁止用户改造自己的设备,正如没有哪个汽车公司可以禁止用户改装自己的车辆那样。当用户购买到 iPhone、iPad 之后,如何摆弄、改造以及与他人分享心得都是他们天然享有的权利。如果苹果公司想要平息事端,最好的办法是设计出令黑客难以破解的升级固件。如果指望通过法律手段强行禁止,那么势必将触及美国人心中根深蒂固的自由底线。而"难以破解的升级固件"在技术上本身是不现实的,因此不难设想,黑客与苹果之间的拉锯战还将不断继续下去。

黑客武林大会

通过先前介绍的一些例子,想必读者已能看出,即便是"经典黑客"这样的群体在我们的词汇里也并不能完全等同为"行侠仗义"的白道英雄。而这也是本书并不完全赞同将之与"白帽黑客"画上等号的原因。"白帽黑客"指的是那些供职于光鲜机构中的安全维护人员,他们以薪水为代价失去了在野的权利,又如何还能去实现利维所说的"质疑权威、推动分权"?而与此同时,如 dev team 之类破解组织的存在事实上模糊了经典黑客与骇客之间的界限。在技术为尊的前提下,"该出手时就出手"的前提究竟是"路见不平"还是"见色起意"的解释权归到了行为人自己这里。因此,黑客与骇客群体的分布状况就不是非此即彼毫无交集的两个阵营那么简单,而是更适合看成色带光谱那样的渐变体系:在距离最远的两极他们固然差异明显,但在交接结合部却甚至水乳交融。

黑客大会就是融经典黑客与骇客于一炉的典型场所。这也是全球技术精英们公然向权力机构展示自由性的文化仪式。在世界各地有各种各样水平层次不一的黑客大会。比如我们在前文中提到过 1984 年在美国旧金山举办的"世界黑客大会"。此

黑帽大会

外在欧洲有同样发轫于1984年的“混沌通信大会”(ccc.de,也被称为欧洲黑客大会)。在中国台湾有自2005年开始的“台湾骇客年会”(hitcon.org)。而当代最负盛名的黑客大会则当属“DEFCON 黑客大会”(defcon.org)和“Black Hat 黑帽大会”(blackhat.com)。

这两个大会由美国人杰夫·莫斯(Jeff Moss)分别于1992年和1997年创办,地点都在拉斯维加斯并且同期举行。莫斯曾是赫赫有名的黑客,后来成为网络安全专家并担任 ICANN 的首席安全官。这两个大会的定位有很大的差别。“Black Hat 黑帽大会”比较正统和严谨,出席人员包括了世界各地的企业、政府、学术界及信息安全组织的思想领袖,议程表上排满了各类专业人士的发言,内容则指向保障全球信息安全等主题。此外,大会还展示大量已被发现的数码产品安全漏洞,并演示骇客会如何发起进攻。

DEFCON 黑客大会

“DEFCON 黑客大会”则正好相反,这里以小规模讨论为主,主题包括如何破解 Xbox,如何解锁苹果产品固件甚至如何入侵卫星系统。与会者毫不讲究穿着打扮,他们端着饮料随意进出房间,或者选个地方坐下来把腿架到桌子上听讲。在此比较流行的一种活动是若干人组成一个局域网，然后互相大打攻防战，目标是在维护自身安全的基础上尽量改掉他人的数据。还有一些活动直接与狂欢结合在一起。比如一种“TCP/IP 啤酒大赛”，内容是设一个擂主，由观众排队问他 TCP/IP 方面的技术问题。如果他答对了，提问者喝掉手中的啤酒；如果答错了，就必须自饮一杯。另外一个投飞镖的休闲游戏则巧妙地与慈善捐助挂钩。如果黑客未投中靶心，他即有机会按动机关使一位比基尼美女从高处坠入水桶，当然在此之后他也必须为自己得以满足登徒子之心而向慈善机构付出数十美元。

诸如此类的“黑客大会”显然会让权力机构感觉紧张，特别是“DEFCON 黑客大会”某种程度上几乎就是网络犯罪的温床，因此美国安全部门每年都派驻人手或明或暗地入场。它们的任务有二，首先是寻觅那些背负案底却还敢公然露面活动的骇客。比如在 2001 年的“DEFCON 黑客大会”上，FBI 就抓获了一名叫做德米特里·科里亚洛夫(Dmitri Sklyarov)的俄罗斯黑客。此人已经多次入侵了美国 Adobe 软件公司并将窃取的信息出售牟利，此次却还公然参与黑客大会并发表演讲。第二个任务则是试图招募高手为政府所用。尽管很多黑客对此不屑一顾，但在种种富有诱惑性的条件乃至“免死金牌”的招揽下，也不乏就此签下卖身合同之人。科研评论员理查德·蒂姆(Richard Tim)就曾表示：“我去五角大楼发表讲话的时候，我发

DEFCON 黑客大会上的开锁游戏

现听众里有1/3的人都是我在黑客大会上认识的。”[1]此外，还有一种情况被列在了安全部门需要出手的任务表中。比如在2000年3月于以色列召开的一次黑客大会上，警方不得不阻止大会公开一份存在系统漏洞的商业网站名单，尽管这是相关企业因对自身网站安全异常自信而主动要求黑客尝试进攻而造成的。

全球以各种形式开展的“黑客大会”无疑是黑客亚文化群体向主流势力集中展示其文化风格的最好例证。以“DEFCON黑客大会”为例，在这里主流的法律秩序被视为调戏和颠覆的对象。黑客们集中在窄小却并不封闭的空间中尽情讨论并试演各种被视为极具危险的技术元素，充分享受这种公然挑战禁忌而获得的快感。商业类数码产品当然更被此间的黑客随意把玩。在2008年的大会上，身为白金赞助商的思科(Cisco)公司也只能无可奈何地目睹黑客把自家路由器产品作为攻击研究对象。而与此同时，更让黑客们感觉无比畅快的则是目睹了安保人员蠢蠢欲动却又无可奈何的神情。这些主流秩序的捍卫者虽然近在咫尺，却不得不因为黑客们“理智地生存在法律边缘”而无法痛下杀手。这方面实在有赖于杰夫·莫斯展示的过人智慧。尽管他明白FBI等部门早已将大会时间、地点、议程等情况悉数掌握，他却每年都会主动打电话将会务情况予以通告，从而使自身站在了比较光明的立场上。其次更重要的是他将这样的活动巧妙地安置在了法律尚不能公然干涉的地带。比如说，美国宪法第一修正案强力保护公民的言论自由，指出必须严格区分言论与行动之间的界限，不得对尚未付诸实施而只是停留在口头上的“作恶”定罪。当然第一修正案也规定了特例，比如在飞机上

---

〔1〕 陆海空三军都建网络部队 五角大楼“以黑制黑”. http://www.china.com.cn/military/txt/2006—08/30/content_7118439.htm.

大喊自己携带炸弹不能算作“言论自由”。但是在黑客大会中互相讨论入侵和破解技术显然并不具备“明显而现实的危险”(clar and present danger),因而是受到保护的。国家暴力机器被其自身制定的法律条文钳住手脚的场景让黑客们大感开心,但他们也应该认识到正是这种“刚性矛盾”的存在保障了自己能够公开活动并表达主张。换在对此另有法律解释的国家,类似的活动可能就会被认为涉嫌“传授犯罪方法罪”,从而导致黑客群体不得不转入地下,并且很难得到正名的机会。当我们讨论到中国的黑客文化时,将不可避地涉及这方面的情况。

最大的漏洞是人，再完美的系统也是由人操作的。要想在一个充满敌意的网络世界里保护自己，你要时刻想着地球另一端的某个角落里，一个或一些毫无道德的家伙正在刺探你的系统漏洞，并利用它们窃取你最敏感的秘密。（凯文·米特尼克）

恶人们

网络恶搞与破坏

骇客入侵其实是美国地下文化群落惯用的恶搞与破坏行为在网络中的典型展示。这些亚文化群体将既定的政治商业秩序及其附属设施视为对普通人的剥削和压迫，因此提倡不择手段地开展规避和反击，撬锁、盗电、盗煤气以及打开自动售货机取走零钱等行为均是这样的表现。当电话出现之后，通过技术方式实现免费盗打的飞客(Phreaking)行为很快成为了反抗主流秩序的最新技术形式。20 世纪 60 年代嬉皮士代表人物艾比·霍夫曼(Abbott Howard Hoffman)即对此大加倾心并全力倡导。霍夫曼具有强烈的反战立场，他喜欢像越南游击队那样使用小成本骚扰式进攻来让美国政府如鲠在喉。比如威胁要将迷幻药注入所在城市的水源通道，或者发动数万拥趸包围并号称要抬起五角大楼。最令霍夫曼感觉畅快淋漓的是他出版了一本叫做《偷走这本书》(Steal This Book)的书，其内容尽是向嬉皮士传授如何获取大麻和迷幻药、盗打电话以及躲避警方追捕的经验。由于内容过于"敏感"，出版社纷纷拒绝合作，霍夫曼不得不自费印制——美国宪法同样保障了他的出版自由——结果这本书在面世三个月后就卖掉了 10 万册，而被偷走的数目也同样惊人，以至于后来登上了"美国十大最容易遭窃图书排行榜"[1]。

飞客活动得以流行同样"有赖于"当时美国电话电报公司(AT&T)使用的原始技术。此时用户进行长途拨号的原理就相当于通过话机向系统中心发送 2 600 赫兹的音频脉冲信号。因此电话飞客只要能设法模拟这一信号，就可以骗倒电话系统实

〔1〕《圣经》居美国最易遭窃书排行榜之首.http://news.163.com/08/0610/19/4E3NUV8B0001121M.html.

现免费拨打。这一活动在飞客们眼里当然不是犯罪,而是一种“使用多余电话容量”的无害而有趣的行为,并且能够让电话公司利润受损正是飞客们最想见到的事。如一名电话飞客所说:“如果电话系统中有一些设计缺陷,比如人们可以接通原本不应该接通的电话,那么我是无法克制自己不去利用这些漏洞的,但这是他们的问题,不是我的。”[1]

“电话飞客”中最著名的代表人物要算约翰·德雷普(John Draper)。此人偶然发现用一种名为“嘎吱嘎吱船长”的麦片盒中附赠的礼品哨子恰好可以吹出 2 600 赫兹的信号。他公布了这一发现,这种麦片盒随之遭到疯抢。另一位大名鼎鼎的电话飞客是乔·恩格西亚(Joe Engressia),他自幼双目失明,但吹出的口哨声却可以精准地模仿 2 600 赫兹脉冲信号。恩格西亚由此受到飞客们的膜拜,但他的技术却很难在群体中普及。此外,由于总是随身携带“作案工具”,恩格西亚受到了警方的密切监控,这使得他反而不如那些依靠吹“嘎吱嘎吱”哨子来盗打的朋友们来得自由。

苹果公司的两位创始人乔布斯与沃兹尼亚克也曾是电话飞客中的一员,这无疑可以作为黑客与骇客其实血脉相连的例证。

“蓝盒子”盗打电话演示图

当时还都是毛头小伙的他们联手打造了一种能精准发出 2 600 赫兹脉冲信号的设备“蓝盒子”(Blue Box),遂以此为工具肆意盗打电话,甚至冒充当时的国务卿基辛格拨通了梵蒂冈教皇的专线。而没过多久,两人甚至已经不满足于简单地盗打电话,遂开始批量

[1] [美]史蒂芬·利维.黑客:计算机革命的英雄.赵俐,刁海鹏,田俊静,译.1版.北京:机械工业出版社,2011:36.

制作“蓝盒子”卖钱。乔布斯富有商业头脑，他将“蓝盒子”以150美元的价格在加州大学伯克利分校进行兜售，并成功卖出了200多台，让他和沃兹尼亚克都好好赚了一笔。这一举动很快惊动了警方，在涉嫌犯罪的压力面前两位未来之星选择了及时收手，否则的话PC世界的版图也许就不是今天人们所看到的那样了。

进入80年代，程控数位电话交换技术开始普及，这意味着原来的飞客技术已经失去了用武之地。但是作为地下反抗性文化群体却从来不会缺乏新的斗争工具——计算机与阿帕网显然已经发出了远比电话机更为夺目的光芒。电话充其量不过是一种通讯工具而已，可网络无疑将构建出一个全方位的虚拟世界。在电话机上揩油对主流秩序的冲击无异于隔靴搔痒，但是在阿帕网上撒野其水波效应的后果或许将难以估量。因此，那些电话飞客们毫不犹豫地放弃了话机，转身成为骇客或脚本小子并开始在网络空间与主流势力对抗。由于这是一个用数码方式建造的虚拟空间，因此技术高低往往能够直接决定交锋的胜负。这导致骇客们可以在此游刃有余，轻松捉弄主流势力雇佣的业余管理员。而后者在现实世界中熟练高效的严刑峻法、森严安保在遇到网络时统统大打折扣。比如2001—2002年间，英国骇客加里·麦金农(Gary McKinnon)轻松入侵美国包括五角大楼、航空航天局、约翰逊航天中心以及陆、海、空三军网络中的50余台计算机。密布的监控探头、壮硕的巡视人员以及堆起来足有几尺高的安保守则在此形同废纸。而当美国官方认定麦金农背后有强力组织提供物质技术支持时，后者予以了否认，并表示其入侵的目的只是出于个人对地外文明的兴趣而随便到上述机构的网站中寻找秘而不发的资料而已。

谈到网络恶搞破坏你肯定会想起病毒(Computer Virus)与木马(Trojan horse)这样的东西。它们简直就是骇客的咖啡伴侣，我们很有必要在谈论具体的骇客明星之前对之有所了解。病毒与木马实际上也是一种程序——从根本上说，它们同样是一些二进制 0 和 1 的不同排列而已——而两者在设计功用上则有所侧重。简单地说，病毒以破坏网络和系统文件为目的，而木马则以窃取资料信息为目标。病毒一经进入系统即开始大砍大杀，而木马为了等待时机可以伪装成完全无害的样子。病毒如果算是强盗，那木马无疑就是小偷。此外你一定还听说过“蠕虫”程序——它从原理上看也是病毒的一种，只是在某些方面进行了功能加强，比如能够不依赖宿主独立行动，可以借助网络传播繁殖甚至造成网络堵塞等。

最早的蠕虫程序是程序员们逗乐子的产物。1971 年，供职于美国波尔特—贝拉奈克—纽曼（Bolt，Beranek and Newman，BBN）研究所的黑客鲍勃·托马斯（Bob Thomas）编写了一个“爬虫”程序，这只爬虫可以借助网络出现在其同事的显示器上，并显示字幕“我是一只爬虫！你抓不住我！”托马斯的同事见状也不禁技痒，纷纷开始撰写类似的爬虫程序。有些爬虫在运行过程中会不断复制，另外一些则具有捕获其他爬虫的功能。

80 年代初，施乐帕洛阿尔托研究中心的黑客们也写过相当有趣的“蠕虫”。比如一种“宣传虫”可以在网络中穿行，每到一处都发布公告。“诊断虫”可以在机器间跳来跳去，检查什么地方出了毛病。最值得赞扬的是“吸血虫”，它在网络工作站上寻找空闲的处理能力。当计算机空闲时，“吸血虫”自行启动并利用这段时间解决特别复杂、需要大量运算的问题。当计算机忙碌时，“吸血虫”就把还没计算好的题目存起来等待其他时机。[1] 不过蠕虫确实也可以轻易变成毁灭性的破坏程序。比

〔1〕 胡泳，范海燕. 黑客：计算机时代的牛仔. 北京：中国人民大学出版社，1997：219—220.

如给它加上自我复制、端口开启、口令修改、数据发送等功能，那么它就可以变得非常“邪恶”。如“莫里斯蠕虫”、“美丽杀手”、“爱虫病毒”、“红色代码”、“求职信”、“Sql 蠕虫王”等都是这方面赫赫有名的代表。

1988 年 11 月 2 日在阿帕网中现身的“莫里斯蠕虫”是历史上第一个广泛传播并造成巨大破坏的蠕虫病毒。其作者是美国康奈尔大学计算机系研究生罗伯特·莫里斯(Robert Morris)。莫里斯 1965 年生于美国，其父鲍勃·莫里斯(Bob Morris)是美国国家计算机安全中心的首席科学家。在他父亲的精心栽培下，小莫里斯非但精通计算机技术，而且在体育、音乐、古典歌剧方面也有着不俗的造诣。

自 1983 年开始，莫里斯先后就读于哈佛大学和康奈尔大学。1988 年 11 月 2 日，正在康奈尔攻读硕士学位的莫里斯将自己设计的一款蠕虫程序送进了阿帕网中。莫里斯自称完全没有恶意，他只是想在实际环境中测试一下程序的效果。但不幸的是他将代码中蠕虫自我复制参数设计得过大，导致这一程序在阿帕网中疯狂裂变传播。当天晚上从美国东海岸到西海岸的网络用户就纷纷陷入恐慌之中。到 11 月 3 日早晨 5 点加州大学伯克利分校的专家找出阻止病毒蔓延的办法时，短短 12 小时内已有 6 200 台采用 Unix 操作系统的小型计算机以及工作站瘫痪。国家航空和航天局、军事基地和主要大学的计算机停止运行。不计其数的数据和资料毁于这一夜之间，造成的损失近一亿美元。11 月 5 日，《纽约时报》头版头条以大字标题刊出新闻:《计算机病毒作者是国家安全局数据安全专家之子》。

尽管莫里斯反复表示自己没有危害阿帕网之意，但他不得不为这一轻率行动造成的惊天损失承担责任。1990 年 5 月 5 日，纽约地方法庭判处莫里斯三年缓刑，罚款 1 万美金并义务为社区服务 400 小时。如果说这样的判决还不至于让莫里斯受到太大打击的话，那么来自媒体的文化身份认定无疑将使他抱憾终生——自此以后任何一份“著名骇客清单”都不会忘记将他放在元老级的醒目位置，即便他此后再也未曾做过任何有损网络安全的事情也无法为自己漂白了。

病毒程序与蠕虫一样具有强大的感染性、繁殖性和破坏力，但它必须依附于某种类型的计算机文件(一般以.exe 这样的可执行文件为最)才能发挥作用，像极了现实世界中的生物病毒，所以得到了这样的名称。病毒研究专家佛瑞德·科恩(Fred Cohen)早在 1983 年就提出了“计算机病毒”的概念，并将其定义为“一类特殊的计算机程序，这类程序能够修改其他程序，在其中嵌入他们自身或是自身的进化版本，从而来达到‘感染’其他程序的目的”[1]。

病毒的开发历史与蠕虫有着很大的相似性。最初它也是一些计算机工程师搞出的趣味小程序而已。但随着它被赋予越来越强大的攻击能力并被投放到更为广阔的网络环境中，其破坏作用就开始日甚一日地表现出来。早期病毒一般只以破坏计算机文件尤其是可执行文件为主，对用户造成的损失相对较小，实在无法删除的时候通过硬盘格式化就可以达到清除的目的。但后期病毒的“能力”和“智商”已经变得越来越高。有些会进行强力的自我保护，如国产的“鬼影 3”病毒能够感染硬盘的主引导记录(MBR)，重装系统或格式化硬盘都无法将之顺利消灭。台湾骇客陈盈豪编写的 CIH 病毒则更胜一筹，它能够直接攻击主板 BIOS 以及硬盘的引导扇区记录而造成硬件瘫痪。虽然这样的情况可以通过软件修复，但依然导致大量不明真相的用户直接选择了重购硬件，从而给 CIH 留下了“硬件杀手”的称号。

当人类文明进入后工业时代，智能化与信息化潮流开始改

---

〔1〕 20 年最强病毒排行榜. http://tech.qq.com/a/20061019/000362.htm.

变机器设备原有的简单机械齿轮面貌。如今小到交通信号灯或车载导航仪，大到核电控制及宇航探索均与数字技术、联网监控密不可分。而这在提升了设备的运行效率同时，也为病毒入侵打开了方便之门。2010 年面世的 Stuxnet 病毒(中文译为“超级工厂病毒”或“震网病毒”)就是世界上首个专门针对工业控制系统编写的破坏性蠕虫病毒。Stuxnet 的主要攻击目标是西门子公司开发的智能监控系统 Simatic WinCC。后者在全球范围内被广泛地应用于输油管道、发电厂、大型通信系统、机场甚至军事设施中。由于安装 Simatic WinCC 的计算机一般不与互联网直接相连，因此病毒制造者特意强化了 Stuxnet 通过可移动存储工具进行传染的能力。以 2010 年为例，全世界多处装有 Simatic WinCC 的计算机遭到了 Stuxnet 的入侵和破坏。而最令人咋舌的则是该病毒成功进入了伊朗核燃料浓缩装置控制系统并破坏了至少 1 000 台作为提炼高浓缩铀核心设备的离心机。

由于美国一直通过制裁等措施阻挠伊朗发展核设施，因此 Stuxnet 病毒被传系由美国军方主导开发。对于这样的传言，后者自然一口否认。虽然美军确实拥有编制这种强力病毒的技术实力，但如果 Stuxnet 不慎造成了核泄漏，那责任是谁也承担不起的。一串无形的计算机代码究竟能对实体性设施造成多大的危害，我们可以参考《环球科学》的一则报道。据称美国国土安全部曾于 2007 年举行了一场代号为“曙光”的网络攻防演习。一位扮演骇客的工程师入侵了一台中型发电机的控制系统，把后者的震荡步调改成与电网相反。这样一来“这台发电机是用自己的机械惯性来硬扛整个电网的电气惯性。它算是毁了。解密的录像显示，这台庞大的钢铁机械运行时震颤不已，犹如一列火车撞上了电厂大楼。几秒之后蒸汽和烟雾就充满了房间”[1]。

[1] 戴维·M·尼科尔.黑掉电网.郭凯声，译.环球科学，2011-08(25).

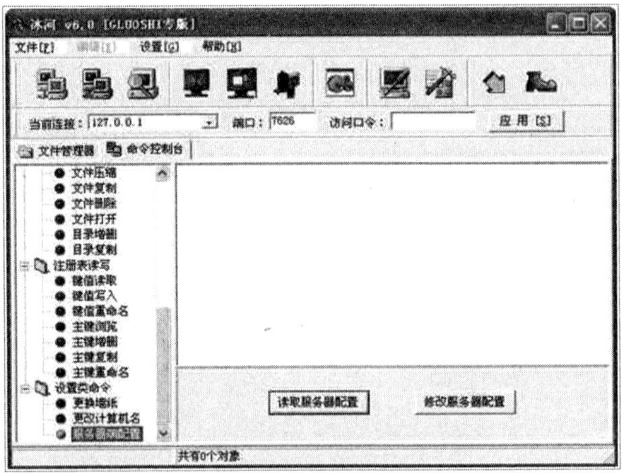

“冰河”界面截图

与病毒相比，木马显得文静许多，但这不代表其危害性就会逊色。从本质上看，木马可以视为一种远程监控程序。位于 Windows 操作系统中的“远程桌面”就属于这一类型，你可以通过它让异地的朋友在线帮你解决系统疑难。但是骇客手里的木马软件没有这般心地善良。它们首先藏在某个合法软件之中悄悄潜入计算机。当用户双击运行该软件时也就同时激活了木马。于是木马就开始偷偷地做一些事情，比如将自身的文件复制到计算机系统文件夹中（一般是 C:\WINDOWS\SYSTEM32），改动注册表以实现随机启动，程序驻留内存以及打开系统端口连接远程的控制端。当远程的控制端与安装了木马的计算机（一般被称为肉鸡）建立连接之后，那么后者硬盘中的一切信息就全在骇客的掌握之中了。以国产木马软件“冰河”为例，它可以实现以下各种功能：

(1) 自动跟踪目标机屏幕变化，同时可以完全模拟键盘及鼠标输入，即在同步被控端屏幕变化的同时，监控端的一切键盘及鼠标操作将反映在被控端屏幕（局域网适用）；

(2) 记录各种口令信息：包括开机口令、屏幕保护口令、各种共享资源口令及绝大多数在对话框中出现过的口令信息（且 1.2 以上的版本中允许用户对该功能自行扩充，2.0 以上版本还同时提供了击键记录功能）；

（3）获取系统信息：包括计算机名、注册公司、当前用户、系统路径、操作系统版本、当前显示分辨率、物理及逻辑磁盘信息等多项系统数据；

（4）限制系统功能：包括远程关机、远程重启计算机、锁定鼠标、锁定系统热键及锁定注册表等多项功能限制；

（5）远程文件操作：包括创建、上传、下载、复制、删除文件或目录、文件压缩、快速浏览文本文件、远程打开文件等多项文件操作功能；

（6）注册表操作：包括对主键的浏览、增删、复制、重命名和对键值的读写等所有注册表操作功能；

（7）发送信息：以四种常用图标向被控端发送简短信息；

（8）点对点通讯：以聊天室形式同被控端进行在线交谈。〔1〕

随着时代的发展，木马软件也渐渐突破了单一类型的远程控制而开始拥有了其他表现形式。比如下载、安装型的木马会偷偷从网上获取恶意软件并运行。这种被下载的恶意软件往往体积较大，因此本身很难通过直接捆绑的方式"落户"。而当用户长时间在线时，通过木马软件偷偷完成下载（甚至支持断点续传）安装就很难被察觉了。由于借助木马可以下载各种软件，因此这一方式也成了骇客的生财之道。一些品格低劣的商业公司雇佣木马将它们并不招人喜爱的产品强行植入用户系统。这些被称为"流氓软件"的程序虽然没有病毒那样的直接危害性，但

〔1〕 百度百科——冰河木马. http://baike.baidu.com/view/295409.htm.

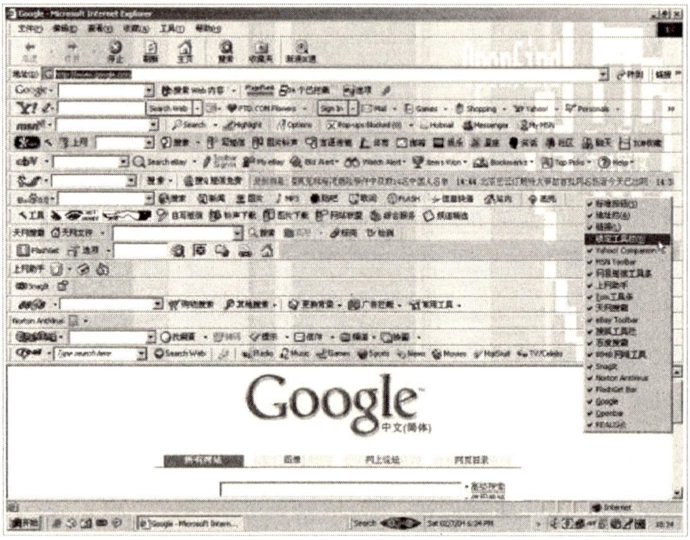

IE 被强奸图

却会为了吸引用户使用而无所不用其极。比如设置随机启动，四处生成快捷方式，安装浏览器插件，更改浏览器主页，等等。网上流传的一张“IE 被强奸图”即以夸张的方式描述了流氓软件的恶性。在这张图中，很多流氓软件纷纷安装自家浏览器插件，最后导致 IE 内容窗口变得异常狭窄。

另一种键盘监听木马会将用户敲击键盘的记录悉数记录下来并偷偷发送到骇客指定的邮箱。这些记录中可能包括用户撰写的文章、邮件，但更重要的是输入的账号用户名以及密码等字符。虽然键盘监听功能在如冰河这样的软件中也有集成，但单独的监听木马以其小巧、隐蔽、无须控制端等特点仍然大行其道。还有一种恶意拨号木马会在后台偷偷拨通境外色情网站，不知不觉间为用户造成巨大的网费清单。不过这种木马只能在通过调制解调器(Modem)上网的计算机上起效，在宽带连接下一般无用武之地。

米特尼克的战争

美国人凯文·米特尼克(Kevin Mitnick)是骇客历史上无法

绕过的典型。这位 1964 年出生的顽主堪称骇客一族的旗手。媒体用“黑客之王”、“头号危险人物”、“接触键盘一分钟就能危害全世界”等说法来描述他。经典黑客则对其异常讨厌和鄙视，认为他是个只会攻击的破坏狂，更主要的是“黑客”这一称呼正是在其滔天恶行的影响下被媒体层层误读以致再也洗不干净。

米特尼克其实是一个计算机天才。他从小就表现出了在计算和电子领域超越常人的兴趣和理解力。他在 4 岁时就以 78 步的成绩解开了智力游戏“滑铁卢的拿破仑”，而当时的解题专家也不过就是这样的水平。当他作为初中生开始学习软件编程的时候，很快就以程序代码的简洁、实用以及美观令一旁的教员两股战战，汗如雨下。从 15 岁起，米特尼克就开始运用学到的技术开始了自己的骇客生涯，诸如：

(1) 1979 年，闯入“北美空中防务指挥系统”计算机主机，翻遍了美国指向苏联及其盟国的所有核弹头数据资料，然后又悄无声息地溜了出来。

(2) 1980 年，破译了美国著名的“太平洋电话公司”在南加利福尼亚州通讯网络的“改户密码”。更改了这家公司的大量用户特别是知名人士的电话号码和通讯地址。

(3) 1981—1982 年，入侵美国联邦调查局(FBI)网站，发现对方正在立案调查自己，遂每天都饶有兴致地跑来检查“行动进度”，并将负责此事特工的档案涂改成十恶不赦的惯犯。事发后，被判处监禁三个月外加一年监督居住。

(4) 1983 年，入侵五角大楼网站。被判处管教六个月。

(5) 1984 年，连续闯入五家美国大公司的网站，涂抹重要合同文件以及服务账单，并下载了一些软件及其源代码。

(6) 1988 年，入侵 DEC 公司并下载了一些软件和源代码，造成约 500 万美元损失。被判处一年有期徒刑。

(7) 1994 年，入侵圣迭戈超级计算机中心。《纽约时报》称这一行动“将整个互联网置于一种危险的境地”。

(8) 1995 年，入侵摩托罗拉、NOVELL、SUN 以及诺基亚等高科技公司的计算机，下载了很多程序以及数据档案。被判处六十八个月监禁外加三年监督居住。

从时间上可以看出，就在 PC 逐步被普通家庭和公众社会接纳的过程中，米特尼克以一己之力将整个网络带入了混乱和恐惧当中。刚刚得到 PC 的青少年自然忍不住要将他视为偶像，但是在用尽手腕将这两项技术发明从黑客手中夺来的主流势力眼中，却不啻是猛然发现了撒旦那样。他们本以为 PC 和网络与电话电报的区别只不过是功能更强大一些，但米特尼克的行为却表明这绝对是一个烫手的山芋。想要在网络上“维稳”最好是禁止一切黑客以及程序员“触网”，但这样做无异于扼杀了网络的生命和创造力。可是只要容许这些高技术青年的存在，也就等于让这片虚拟空间长满了刺人的荆棘。虽然这些荆棘也可以通过深入其中并进行技术 PK 来铲除——但这恰恰不是政客与老总们擅长的领域。

在对付米特尼克这类难缠的骇客分子时，使用趋于意识形态手段的收编方式将显得更加适合，而媒体显然是惯于此道的先锋人物。因此，1983 年的《新闻周刊》中出现《小心，黑客在行动》这样的文章就显得很自然了。这类报道的核心目的是将此类的入侵、破坏行为解释成不具有文化意味的犯罪。其主要目的是谋财、图利或者精神偏执的技术发泄。在针对米特尼克的报道上,“臭名昭著”、“怙恶不悛”、“疯子”、“恶魔”等成为常见的形容词,其所作所为被放在了与连环杀手、电锯狂人同等的层面。

可事实上米特尼克入侵的动机更多是挑战和击败技术。当他在法庭上首次见到配合官方将自己捉拿归案的日裔美籍黑客下村努(Tsotumu Shimomura)时,第一句话竟然是:“你好啊下村,我钦佩你的技术。”同时他的生活状态也表明其犯下的罪行不带有明显牟利特征。他并没有盗窃信用卡或转移银行资金,也没有向外兜售下载到的源代码和机密资料。此外,这一系列入侵行动所造成的“商业损失”实际上也没有相关公司所宣称的那么大。比如 SUN 公司当时表示遭窃的源代码价值 8 000 万美元。可事后 SUN 却被发现以 100 万美元的价格将之售出。另一起可供援引的佐证是,美国某电话公司也曾于 1990 年以“黑客”盗窃为由申报 57 000 美元损失,可是相同的程序公开售价却仅为 13 美元。这些事情曝光后,米特尼克的刑期被减免了一些,出狱的日期也比预期的要早,同时联邦地方法院对米特尼克的罚金已经从最开始的 150 万美元降至 4 100 美元。

某种程度上,米特尼克与经典黑客之间有着很大的共同之处。后者何尝不是以挑战和击败技术为荣呢?米特尼克的问题只是在于“越界”得太过分了。当网络变得日益社会化之时,真正的黑客们已经学会了如何在法律和犯罪的边缘为自己找到容身之所,这使得他们虽然行事乖张却不至于身陷囹圄。但是米特尼克毫无顾忌地突破了这一范围,他打翻了已经装在主流势力盘子里的奶酪,从而被视为必须予以镇压的异端。此后即便是对之心存怜悯的黑客群体也不得不选择袖手旁观,并且抛出“骇客”这样的称呼来为自己划清界限。

对米特尼克的声援主要来自他的粉丝以及同样被打入另册的黑客。在欧美世界，一大群“米粉”持续在网上呼吁美国政府尽快释放他们的偶像。骇客们则宣称已在雅虎网络浏览器上放置了逻辑炸弹，过去一段时间里凡是浏览过雅虎网站的计算机均已中毒。这种逻辑炸弹将于1998年圣诞节启动，唯有米特尼克获释才是他们提供破解方法的唯一前提。同一时期(1994—1996)也正是中国黑客的起步阶段。由于语言、国情、技术交流等各方面的现实因素，导致经典黑客文化在中国的传播远不如米特尼克的“先进事迹”来得迅速和具有鼓动性。再加上一种被曲意理解的“反美”精神，致使米特尼克很快成为了中国程序青年们膜拜的大神。如《中国黑客》一书的回忆：“当时初级黑客……完全没有自己的黑客武器，更不要说自己的精神领袖。那个时期世界上的黑客共同追随着一个精神领袖：凯文·米特尼克，世界头号黑客。这位传奇性人物不单单领导着美国黑客的思想，也影响着中国初级黑客前进与探索的方向。”〔1〕

大盗莱文

类似凯文·米特尼克这样的“邪恶神话”在主流媒体这里得到了持续性的传播，但其用心却是为了降低其反主流文化色彩。当米特尼克逐渐在公众心目中被定格为网络犯罪标识符的时候，势必产生两个层面上的影响。首先，它将加速黑客与骇客群体之间有意识的主动分离。黑客为证明自身的清白将减少其文化性抵抗活动，蜕变为纯技术团体甚至不排除戴上“白帽”。而骇客则将不断向媒体塑造的“米特尼克”形象靠拢，从而在另一极端上也丧失其文化意义。其次，当更多符合米特尼克标准的

〔1〕 古风.中国黑客.上海：学林出版社，2004：21.

骇客出现并接受惩处后，无疑进一步坐实了来自主流文化的预谋判断(即骇客是一种犯罪)。不难想到，这两点影响之间将形成一种不利于黑客的恶性循环，而这实际上正是大多数亚文化群体被主流文化加以瓦解的惯用手法之一。

俄罗斯青年弗拉迪米·莱文(Vladimir Levin)就是这样一个符合主流心意的骇客典型。他的主要事迹是：于1994年，也就是全球大小媒体的目光都聚集在米特尼克身上的时候，不声不响地入侵美国花旗银行网站，并转移了1 070万美元的资金。莱文与米特尼克同样出生在1964年。他受过良好的高等教育，尤其热爱数学。在大学中接触到计算机和网络后迅速沉迷其中并很快成为编程高手。莱文本有着比米特尼克多得多的机会成为一名经典黑客，但是贫穷导致了形势朝着另一个方向发展。

我们已经知道经典黑客适宜生长在以物质资源高度丰沛为基础的"天才社会"中。中国古话"仓廪实而知礼节"正可以在某种程度上成为对之的注脚。因而在"仓廪"还远远算不得充实的俄罗斯、东欧地区，技术高手们纷纷选择走上骇客道路也就可以理解了。特别是1990年苏联解体后，一系列政治经济动荡使得很多人连温饱都成了问题。乐于投身研究黑客技术的俄罗斯程序员发现购置计算机和支付网络费都是极大的负担。因此不得不铤而走险，选择借助软件代码来迅速牟利。而这一切并非不切实际的幻想，米特尼克不就成功了吗，电视上就是这么说的。

比起闯入军事网站耀武扬威而言，务实的俄罗斯骇客对破解商业软件之类"直接盈利项目"更感兴趣。这些被破解的软件绝大部分都是美国公司的产品，其中又以微软公司的历代Windows和Office系统受害最深。在世界各地的地下市场，"俄罗斯破解版"都是价廉物美的代名词。比破解软件更加赚钱但也更加危险的方法是直接从金融系统捞钱，比如盗窃信用卡信息。骇客们从银行盗出成堆的信用卡资料，并将它们通过论坛、聊天工具等平台出售。他们一般不自行使用这些资料，因为其中很多会被冻结而迅速失效，即便是找到有效的账号用起来也存在风险。《揭秘：黑客经济是如何运行的》一文对这种牟利手段有着详细的描写：

> 信用卡的信息通常都是大批量销售的，Dagon 说："你不可能不说出任何限制，就只要购买一张美国人的信用卡，通常你都要买一叠，因为任何人都有可能被列入诈骗名单或者是从诈骗名单中删除。"SANS 互联网风暴中心的首席技术官 Johannes Ullrich 说，有些网站还有名单价格、基本卡信息，其价钱可以低至 1 美元一张卡，但是价格最主要还是取决于资料的质量。
>
> 那些信用卡盗窃者称他们自己为"Carders"，他们通常是在聊天室、私人或者是公共论坛里通过网上聊天来进行活动的，而这些网站的名字通常是一些类似于 Carders 市场和 Carders 信息甚至是传统的电子商务类的网站。Ullrich 说有经验的黑客和 Carders 通常都会在私人、加密有验证码保护的聊天网里进行交易活动。
>
> 有一个叫 Cardingworld. cc 的论坛，有来自 13 000 个注册成员写的 100 000 篇文章，而且里面的文章大部分是俄罗斯人写的。英文部分的网站包括提供美国银行、信用银行和贝宝 logons（在线支付工具）的价盘，来自世界各地的信用卡信息，有效的礼卡并且提供安全转账大量现金的服务。论坛上大部分的销售者和购买者都要求通过公告板系统的私人信息或者是

在 ICQ 的即时信息中进行交易。[1]

弗拉迪米·莱文同样充满着对金钱的渴望。他选择了风险最高而回报可能性也最大的方法:直接入侵银行并实施转账。他成功了,1 070 万美元巨款被划到位于美国、芬兰、荷兰、以色列和德国的若干账户之中。倘若不是他的三名同伙在现场取款时被抓,莱文何尝不可能摇身一变成为某支英超球队的幕后金主,每赛季也在转会市场上呼风唤雨呢。

单纯从经济角度看,莱文没有对花旗银行造成太大损失。因为赃款中有 1 040 万美元被追回了,同时法院还勒令莱文向银行赔偿 24 万美元。但是这一入侵案件严重动摇了以花旗银行为代表的全球金融系统的安保声誉。在安全不能得到保障的情况下,储户自然不敢轻易存款,而存款的短缺则会引发银行资金链紧张甚至导致破产。更麻烦的是,莱文以自己的行动为全世界利欲熏心的骇客提供了一个可供参照学习的榜样。入侵银行有利可图,即便不转移资金,也可以通过安全漏洞来绑架管理层的信心。尤其是那些私人银行,普遍很难承受因安全问题曝光导致的挤兑压力,大都会选择悄悄奉上赎金并息事宁人。位于伦敦的《星期日时报》在 1996 年曾报道过这样的消息,称一些网络犯罪组织自 1993 年起便以"入侵"为借口向英美超过 40 家银行、股票行及投资公司勒索 4 亿英镑。而在其中曝光的 4 起案件中,公司管理层都在接到恐吓的几个小时内,把赎金汇入了对方指定的海外户头。

莱文的出现可以算成是主流势力刻意塑造"米特尼克"这类邪恶偶像所收获的果实。但这在同时也造成了后者心中的矛

[1] 揭秘:黑客经济是如何运行的. http://tech.163.com/07/0810/15/3LHV2TGP000929RV.html.

盾:为了消解骇客的亚文化气息而付出的代价是否会日渐庞大而失控走火?假如米特尼克、莱文包括其追随者只是一批光头青年,那么即便他们打家劫舍甚至占领个把街区也不过癣疥之疾。可是在网络上骇客的能量被无限放大了,单个个体所能造成的破坏力甚至可以达到难以估量的程度。这种完全颠覆现实经验的事例迫使政府和商业组织必须严加盘算应对之道。他们既然已经选择要成为虚拟世界的统治者,就必须抖擞精神来面对这些犹如拥有不死之身的敌人。

挑战世界的阿桑奇

朱利安·阿桑奇(Julian Paul Assange)绝对是一个另类人物。他的行为很难简单地用黑客或是骇客来形容——你甚至可以视他为维护全球"弱势群体"利益的红客。阿桑奇的最大魅力显然在于他将网络技术充分运用于政治斗争的智慧,这在我们先前谈到的各种技术高手身上并未有过鲜明的体现。即便是如斯托曼这样富有哲学头脑的专家,其涉及领域也只限于商业文化之中。此外当然还能举出一些不成气候的黑客活动能与政治思想略略沾边——比如为捍卫"男女平等"去攻击伊斯兰网站;为抗议违反"不作恶"理念而攻击 Google 网站。但人们总是很难想象一个成天与代码打交道的程序员会同时高举柏拉图、卢梭以及洛克等人的思想大旗。

因此,阿桑奇注定是一个另类人物。他于 1971 年生于澳大利亚,童年时父母离异。跟随母亲四处颠沛流离的生活使得他未能接受正规学校教育,性格也变得沉默寡言。但也算因祸得福吧,小阿桑奇就此获得了比同龄人多得多的自由时间,他选择了把自己沉醉在计算机和网络的世界里。凭借着自学而得的知识,他很快就以门达克斯(Mendax)为代号在澳大利亚墨尔本的黑客圈中闯出了名头，并赢得了友谊、尊敬等现实中很难得到的东西。

此时的阿桑奇和那些初出茅庐的脚本小子一样玩着到处入侵服务器并搞恶作剧的把戏。这种活动有时类似毒品，需要逐渐增大剂量才能不断获得满足。1991 年，20 岁的阿桑奇在入侵加拿大电信公司“北方电讯”设在墨尔本的主机后终于被捕。就在他为了逃脱牢狱之灾而四处努力的时候，看不到前景的妻子选择了携子而去。阿桑奇通过 30 多场听证和诉讼，直到 1999 年才达成监护权协议。而在此期间，失业、潦倒以及被警方视为高危人群等风险早已磨平了他作为青年人的冲劲与活力，甚至连头发也从黑色变成了后来广为人知的银灰色。

这段时间同样改变——或催生了阿桑奇的奇特政治思想。他开始感觉到人类最关键的斗争不是左派右派或宗教科学之争，而存在于个体和机构之间。相对于个体而言，机构一直显得雄奇伟岸，万难颠覆。但是网络时代个人技术力量被无限放大的特点将使得蚂蚁扛起大象成为可能。不难想到，阿桑奇的这种朦胧斗争哲学恰好与黑客群体的亚文化思想取得了呼应。只是在对待主流势力的尖锐程度上使得阿桑奇变得更为扎眼，同时也不出意外地被大众媒体更多推向了骇客一侧。阿桑奇酝酿起了远超普通意义的技术抗争，其核心措施就是将主流文化秘不示人的遮羞布公然在网络上曝光。如他所说，如果能够借助网络力量将一个政权内部的沟通线路破坏，那么那些阴谋家之间的信息交流便注定会缩小。如果将这种私密的信息沟通完全曝光，那么阴谋就会粉碎瓦解。有理由相信，这种被阿桑奇视为需要好好修理的“机构”，其最初模型可能就是让他受尽折磨的警察局和法院。

2006 年 12 月，阿桑奇主持建立了“维基解密”(Wiki Leaks)网站。它仿照商业新闻网站格局制成，有自己的情报搜集和编辑发布队伍，却不介入任何商业元素——来自各方面的捐助资金和义务劳动是网站维持运转的依靠。在这一点上"维基解密"与2001年成立的"维基百科"网站(wikipedia.org)简直如出一辙，以至后者的创办人吉米·威尔士(Jimmy Wales)如今为了撇清误会已恨不得将标榜两者不同的申明刻在脸上。

"维基解密"的服务器被分置在多个不同国家，彼此间通过强力加密的协议交换信息。这样做不但是为了保密，也是便于当遭遇起诉后有机会选择法律条文刚柔不一的应诉地。网站成立后不久便公布了它的首份文件。这是一项由索马里反政府武装"伊斯兰法院联盟"领导人签署的秘密决定。尽管这份文件的真实性始终没有得到确认，但网站本身得以开始受到世界范围内的关注。随后"维基解密"不断发布更多耸人听闻的内容。从气候专家私自更改温室排放数据的电邮，到英国军方内部的《安全防御手册》；从美国总统竞选伙伴莎拉·佩林(Sarah Louise Heath Palin)的私人邮件账号到瑞士银行名人逃税账户；从"9·11"手机短信到关塔那摩虐俘档案……这些文件中很多都是各国政府秘不示人的材料，或是与他国进行谈判斡旋的私密筹码，一般都借助"潜规则"在台面下流通。阿桑奇这样借助网站将之毫无顾忌公开曝光的做法，等于是以一己之力向全球政治经济的既定运行规则发起了挑战，而受到冲击最大的自然是以"世界警察"自居的美国政府。

"维基解密"的曝光行动在2010年迎来高潮。7月26日，"维基解密"在《纽约时报》《卫报》和《镜报》的配合下，在网上公开了多达9.2万份的驻阿美军秘密文件。根据这些文件的披露，驻阿美军及英军至少误杀和误伤了数百名阿富汗平民。而一支名为"373特遣部队"的特种军团为了剿杀塔利班头目则不惜杀害阿富汗妇女和儿童，甚至阿富汗警务人员也难以幸免。至于美国的反恐盟友巴基斯坦则涉嫌为塔利班提供作战指导。

这些文件的公开毫无疑问让美英政府陷入了极度尴尬的境地。但是想要让阿桑奇闭嘴又无法轻易办到,因为“维基解密”有着数百个镜像网站,每个镜像都是一个分身。只要任何一个分身存在,都可以凭借星星之火而再度燎原。更何况阿桑奇的行动已经感召了数千名黑客愿意无偿为网站“护法”。这非但导致“维基解密”本身很难被攻破,而且即便得手也必将随即引发黑客们的报复性攻击狂潮——这已经有先例了。在此之前,Visa、Master 等信用卡巨头冻结了阿桑奇的捐助账户,这两家公司的网站旋即遭到了恶意攻击并一度瘫痪。

就在不少英美政客恨不得将阿桑奇碎尸万段之际,事情却发生了非常离奇的变化。2010 年 8 月 11 日,阿桑奇应邀赴瑞典参加了一个由左派基督教活动分子安娜·阿丁(Anna Ding)组织的演讲活动。此时“维基解密”公布驻阿美军秘密文件的影响正如日中天,阿桑奇在斯德哥尔摩受到英雄般的崇拜和欢迎,而在演讲中犹如箴言般的论断“战争中第一个阵亡的就是真相”则收到了雷鸣般的掌声。但时隔数天后,安娜·阿丁和另一名叫做索菲亚·维仑(Sophia Wilen)的女观众却向瑞典警方报案,声称阿桑奇强行与她们发生性关系。此时阿桑奇已经离开瑞典到了英国。在瑞典警方发出全球通缉令后,阿桑奇选择了向英国警方自首,并被关进伦敦南部的旺兹沃思(Wandsworth)监狱。

这一事件当然被很多人认为是精心策划的“抹黑”行动。亦即“政治上搞不垮你,就从生活上搞臭你”。但“维基解密”并没有因为阿桑奇的入狱而停止运作。2010 年 10 月,网站再次披露 40 万份美军伊拉克战争秘密文件,几乎把美国政府逼到了几近疯狂的地步。而与此同时,阿桑奇虽身陷囹圄却并无太多凶险。网络投票显示公众并不愿意相信强奸一说,或者认为即便真有此事也能参照马丁·路德·金的例子而获得原谅。反倒是来自政府的显然因希望葬送“维基解密”而不惜罗织罪名囚禁阿桑奇的劣迹让后者获得了能与纳尔逊·曼德拉(Nelson Rolihlahla Mandela)以及昂山素季(Aung San Suu Kyi)等人并肩相称的美誉。

阿桑奇的律师同时认为,美国政府试图以间谍罪起诉阿桑奇将注定失败。因为“维基解密”网站完全按照新闻媒体方式运作。阿桑奇作为网站出版人理应受到美国宪法第一修正案的保护。如果他被处以间谍罪,那么美国境内所有媒体机构都可以列为共同被告。配合“维基解密”发布秘密文件的英国《卫报》也指出,要用间谍法来问罪阿桑奇首先要确保程序正义。阿桑奇并不是美国人,他的解密活动也都在美国之外进行,美国政府无权将自己的刑法触角延伸到国境之外。当然,美国政府可以另行选择“盗取美国公产图利罪”来起诉非本国公民,但要证实这一罪名必须认定阿桑奇凭借泄密活动得到了具体收益,而这在“维基解密”从一开始就只依靠捐助和义工维持运转的前提下恐怕也很难办到。

阿桑奇的命运使人不得不联想起他的澳洲老乡鲁伯特·默多克(Rupert Murdoch)。作为传媒同行,默多克风头甚健,以数十年的打拼创立了媒体帝国“新闻集团”。然而在自 2005 年开始的“窃听门”风波愈演愈烈并最终于 2011 年导致拥有 168 年历史的《世界新闻报》关闭后,公众发现默多克的所作所为与阿桑奇其实颇为相似,但两者的命运却呈现了天壤之别。究其原因,则不外乎两点。首先《世界新闻报》的“解密”无非是威廉王子膝盖受伤之类绯闻八卦,而阿桑奇爆出的猛料则直接与敏感的军政决策有关。其次默多克以其半个多世纪的履历证明他是属于主流阵营的老同志,虽偶尔犯错但过而能改。而阿桑奇从一开始就以鲜明的反主流形象登台,因此他就很难轻易获得赎罪的机会。

从亚文化的角度看，阿桑奇以其“维基解密”网站为黑客群体树立了一个桀骜不驯的标杆。其意义在于宣告凭借网络技术完全可以与政治商业势力抗衡。“维基解密”正是建立在这样的技术优势之上的。它的运作成本极低，造成的影响却极大。特别是这些被泄露出的资料拥有着足以影响甚至改变当前国际政治经济形势的威力——当公众知晓自己一直生活在主流文化的谎言之中，他们将变身成为亚文化群体的支撑力量。而权力机构身旁那些长期意欲取而代之或怀有不同意识形态主张的对手们亦将获得搅局和斗争的机会。当然，批评者也会提出阿桑奇似乎只是看到了“解密”之爽快，未曾想过如何塑造一种更优于当前流程的权力运作方式。但这种类似“娜拉走后怎样”的问题其实是大多数亚文化群体无心涉及的领域。假如它们开始予以思考，那也将标志着自身文化归属的转移。

数字仇杀队 Anonymous

主流文化对黑客或骇客一词的颠覆性解释取得了很大成功。其表现就是你我这样的普通人纷纷将之视为互联网犯罪分子并避之不及。即便有一些站在审判台上的骇客们尝试陈述自己作案的政治文化动机，也只会在媒体编辑的作用下沦为公众茶余饭后的笑柄。如在 1989 年，一批德国骇客将自己涉嫌窃取并向苏联贩卖西方先进计算机软件的动机解释成“……建立超级大国间的平衡。苏联应该拥有比自家制造的软件更可靠的西方软件以控制核弹，否则的话，苏制软件可能会漫不经心地引发核大战。所以，他和他的朋友们是在为世界和平作贡献。”[1]

---

〔1〕 胡泳，范海燕．黑客：计算机时代的牛仔．北京：中国人民大学出版社，1997：196．

但是随着时代的发展，一些新型骇客的表现还是让公众渐渐觉察到了一些复杂性。比如骇客组织 Anonymous 的所作所为似乎就是这样。从表面上看它们似乎失去理智地朝着四面八方进攻，但从它们在事后发表的为攻击负责的言论看又显然证明这不是一群无头苍蝇的集合。Anonymous 组织诞生在一个创立于 2003 年的网络论坛 4chan. org 之中。该论坛的主要用户是黑客以及游戏玩家。因为种种原因，一些用户会选择在此匿名发帖，从而被系统自动标注为“Anonymous”。当这样的 Anonymous 越来越多，就渐渐形成了一种文化氛围，最终催生了这一骇客组织。Anonymous 第一次登上媒体头条是在 2008 年，当时它们因为反对基督教科学派教会，发起了代号为“Project Chanology”的攻击行动。此后这一组织开启了自身狂暴的入侵之旅——无论对手是政府部门、商界企业还是慈善机构，也不管破坏行动是否会殃及无辜——以致短短数年之内树敌无数。以下是它们在 2011 年给出的部分“业绩”：

(1) 攻破苹果服务器，公布苹果网站上一些用户的账户名和密码。

(2) 公布 9 万美国军方邮件账号及密码，并借助 Pirate Bay 及其他网站供网友下载。

(3) 成功攻击旧金山湾区的地铁系统 BART 的网站，使 Bart. gov 网站断线 6 小时，并公布 102 名交通警务人员个人信息。

(4) 攻击美国娱乐巨头维亚康姆(Viacom)网站。

(5) 攻击美国 70 多家执法机构的网站。

(6) 攻击意大利政府网站。

(7) 攻击 PayPal 网站，使后者不得不关闭数万个账户。

(8) 攻击(或协助他人攻击)索尼网站,造成近1 000 万张信用卡资料外泄,7 800 万名用户资料面临曝光风险。

Anonymous 组织正如它的名称(即匿名之意)一样保持神秘。公众并不知道其总部在哪里,有多少成员,以及思想倾向如何。只有一些零碎的消息透露出这是一个群龙无首的松散团体,主要由遍布欧美各国的年轻人组成,希望“以自己有限的知识技术对世界造成影响”。Anonymous 仅在两个地方保持着相当的公开性。首先是它们勇于宣布为自己的入侵行为负责,并往往给出冠冕堂皇的理由。比如攻击意大利政府网站是为了表达对该国政治经济形势的不满;攻击维亚康姆网站是因为后者蛮横要求 YouTube.com 删除侵权视频。攻击 PayPal 网站则是由于后者在他们看来是一家腐败而贪婪的组织:“我们和广大人民都讨厌不公正现象。在权益遭到任何企业或政府践踏时,我们都不会坐视不理。我们不畏惧你们,感到害怕的是你们。我们不是恐怖分子,你们才是真正的恐怖分子。”[1]

另一获得公开的是 Anonymous 组织的标志物。这是一个来自电影《V 字仇杀队》中的面罩,当 Anonymous 成员以组织形式在公众场合露面时均把它戴在脸上。这样做有两方面的意义。首先保护了骇客在现实中的真实身份,呼应了 Anonymous 之意;其次面具的统一性彰显了一种组织大于个人的思想意识。通俗地说,他们即是在宣告:这不是一个人在战斗。

Anonymous 选中这一面罩作为组织标志形象蕴含深意。此面罩系根据英国历史上有名的“恐怖分子”盖伊 · 福克斯(Guy

〔1〕 黑客集团 Anonymous 谴责 FBI 呼吁抵制 PayPal 账户. http://it.sohu.com/20110728/n314838512.shtml.

Anonymous 成员一律以假面示人

Fawkes)的脸型制成，此人曾策划于 1605 年 11 月 5 日用炸药轰击英国国会大厦，后因事泄被英王处死。但面罩设计师却特意塑造了福克斯的笑脸，他尖起的下巴正好与两颊构成一个 V 字形。V 在此既是胜利(Victory)的象征，又是对“11 月 5 日”(5 在罗马数字中用 V 表示)的一种纪念。电影《V 字仇杀队》是《黑客帝国》导演沃卓斯基兄弟策划的政治类科幻电影，影片中头戴 V 字面具的主角在一个虚拟的未来时代里，再次尝试用炸药轰击已经蜕变为极权主义的英国政府，并以同归于尽的方式获得了成功。

《V 字仇杀队》由于被指为“对恐怖主义持暧昧态度”而在不少国家遭遇抵制。但 Anonymous 特意选择其中最具代表意义的面罩当做自己的图腾，其中的文化含义可谓不言而喻。电影中的台词“面具下是思想，你无法杀死它，因为它刀枪不入”同样可以认为是 Anonymous 的行动指南，并且这一面具将在强大网络技术的保障下变得更加难以揭开。

《V 字仇杀队》展现的是这样一种思想主旨：所谓革命或恐怖，其实就是一种不承认自己之上裁判权的行动。如果在强大的国家机器面前，个人因为过于渺小无法抵抗，又无法唤醒更多人来助力，那么唯一的选择就应该是以身殉难、玉石俱焚。从 Anonymous 的所作所为来看，他们显然继承了这一思想，只是网络世界的虚拟性使得这种暴烈的抵抗得以停留在不那么血腥的层次。

Anonymous 组织向主流文化展示了一种全新的骇客模型。

它们四下攻击，却既不为名(特意匿名)，也不为利。它们的宗旨谦虚而言就是上述的“希望以自己有限的知识技术对世界造成影响”，不加掩饰地说就是“凭借自身技术优势代替主流势力成为网络空间的审判者”。而从它们的攻击目标十有八九都是主流网站来看，Anonymous 心目中的邪恶对象自然是代表了权力意志的政治和商业机构。因此，从亚文化的角度看，Anonymous 及其类似组织无疑代表了黑客群体中一股最激进的反抗理念。它们直接对位于网络空间的主流符号构成重大打击，同时又以其自身特色巧妙地跳出了后者设置的伏击圈子。

对主流文化而言，类似 Anonymous 这样的组织或许是它们所遇到的最难缠对手。尤其可怕的是后者拥有严谨透彻的技术文化思想，并且直接表现为取代自己在网络世界的裁判权。这与先前各种其他类型的黑客群体形成了巨大差别。如经典黑客，他们虽然也期望网络重新回到 80 年代以前如伊甸园般的世界，但是在压力之下他们学会了隐忍生存。如乔布斯、盖茨这样拥有在网络世界建造数码帝国能力的强人，也在商业招安的利诱下放弃了抵抗。再如米特尼克、莱文这样的不羁分子，同样在法律和媒体的联合绞杀下乖乖束手就擒。但是这些手段用在 Anonymous 组织身上却似泥牛入海。它们不求名利，同时也没有明确的身份和据点，宛如漂浮在网络空间中的一片鬼雾，猛力打散后无须多久又能自动拼合，而却能在不经意间伸出魔手，给那些鲜明矗立的网站服务器来上那么一下子。

就在主流势力束手无策之时，Anonymous 变本加厉地革新了进攻方针，将“事先宣战”这样的堂皇手段也祭了出来。它们至少已经发出两次预告，声称将于 2011 年 11 月 5 日以及 2012 年 1 月 28 日对 Facebook 网站发起进攻，理由是 Facebook 向政府机构出售信息，并使信息安全公司获得这些信息，帮助他们刺探全球用户，而其中一些信息安全公司为埃及和叙利亚等政府工作。这种高调的语气中蕴藏着一种对自身技术的无比自信。而这些“事先张扬的谋杀案”无疑将所有目光都成功聚焦到了自己身上。也许在 Anonymous 成员的心中,最终的理想境界即是上演《V 字仇杀队》影片末尾所有民众都戴上面具的盛况。假如这可以实现,势必意味着网络空间的主导权易主。而即便只是作为一种理想,那么同样会在其高调言行的作用下成为悬在现任统治者头上的达摩克利斯之剑。

这仅是一个临时组织，成员来自中国各地……我们没有严密的分工和行动规则，我们甚至互不认识，但我们团结一心。我们坚决拥护中国政府和中国共产党的主张。我们不会在行动中留下任何证据……我们不会删除或破坏他们的任何数据。只要中国人民和中国政府的最终目的全面地无条件地实现，我们自然解散。但是，现在，我们在行动！（某红客组织的行动宣言）

黑客在中国

中国黑客为何生存艰难

1987 年 12 月,国产的长城 286PC 终于面世,但由于技术和价格因素的阻碍很难进入家庭。差不多到 1990 年长城 486 推出之后,大城市的中产阶级家庭才开始渐渐产生购买这种高科技新玩具的念头,中国最早的一批个人计算机用户由此开始萌生发芽。当时的玩家最热衷的就是相互交换用软盘承载的各种软件和游戏,他们完全没有“盗版”的概念,这种基于友情的拷贝与相互借阅图书音像制品在大多数人看来完全没什么不同。在这些早期的计算机用户中渐渐有人开始对软硬件技术着迷,乐于花费时间研究计算机的拆卸和拼装,焊接元件,增强功能。也有人醉心于试用各种软件并向计算机杂志投递心得。还有人开始接触起程序源代码等更为高深的知识。中国最早的一批黑客将从他们之中产生。

此时中国还没有加入国际互联网,但这并不妨碍早期计算机用户对联网沟通的热情。有一批人站出来,利用一种叫做 Fido(惠多)的技术建立了简陋的网站。这种“惠多网”就利用家里的计算机当服务器,通过电话线的方式对外连接。对于外界用户而言,他们也只需在家中的计算机

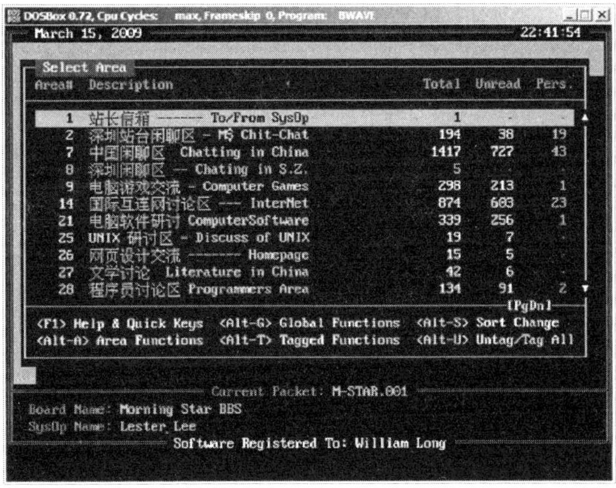

Fido 站点界面截图

上拨通特定的号码，就可以连到 Fido 站点上进行访问。当时这样的“冲浪”速度很慢，价格却不便宜，但因为形式新颖依然吸引了大量用户。

上图是一张通过虚拟机方式再现的早期 Fido 站点界面截图。当用户远程进入 Fido 站点后即看到这样的画面，他可以通过键盘选择不同的区域进入，并开始与其他用户交流沟通。为了节省流量和加快速度，当时这种 Fido 站点一般都采取纯文字形式，而即便如此仍有许多用户感觉联网费用高昂，为此不少站点都会在明显位置提供一些打包的更新内容，方便用户下载后离线浏览。而当一个用户准备发表长篇大论的时候，自然也是先在离线方式下写好才会连线发布。这与我们今天习惯于完全在线操作的生活可谓大不相同。

惠多网盛行于 1993—1998 年间，高峰时期全国有上百个站点，用户人数上万。比较出名的站点包括北京的轻松快车、长城、西点军校；广州的新月；深圳的 Data Express；珠海的西点；等等。而很多站点的站长也在日后成了中国互联网的名人。如腾讯的老总马化腾当时就是深圳 Data Express 的站长。金山公司的求伯君是珠海西点的站长。以“金州不相信眼泪”一文走红后来又担任 8848 网站董事长的老榕（王峻涛）是福州站的站长……1998 年之后，由于互联网已经日益普及，惠多网渐渐失去意义而遭到淘汰。

中国是在 1994 年 4 月 20 日正式接入国际互联网的。早期网民数量不多，直到中国电信于 1996 年底推出大幅度降价措施后才迎来了爆发式增长。接入互联网后，一些国外的小型黑客软件如端口扫描器、邮箱炸弹、暴力密码破解器等得以通过网络传入，并由此“哺育”了中国第一代黑客。这个群体中的高手大约有十几人，他们能够自己深入研究网络安全技术，有自己的理论和产品，最终则大都进入主流安防公司戴上了“白帽”。

“绿色兵团”是中国大陆最大最早的民间黑客组织之一。由发起人龚蔚(网名 Goodwell)于 1997 年创办,极盛时期会员人数达到 3 000 人,并且高手云集,曾攻破大量国外站点,而与网易发生的数次交锋则让该组织在普通网民中获得了广泛的知名度。龚蔚表示建立“绿色兵团”只是出于兴趣爱好以及同道切磋比拼的快感,与利益和政治无关。这一组织的名称并非来源于同名的电子游戏,而是对“以兵团一般的纪律和规则打造绿色和平网络世界”理念的寄托。“绿色兵团”发展壮大之后,也曾于 1999 年 1 月在上海一家网吧中召开过“黑客大会”,并于 1999 年 7 月转型注册成为上海绿盟计算机网络安全技术有限公司,但在 2000 年又突然因内部原因宣告解散。不过无论如何,它已经赢得了中国黑客界“黄埔军校”的口碑,至今活跃在互联网上的众多黑客高手都曾是它的成员或徒子徒孙。

中国黑客所处的具体文化环境导致了他们的生长发育与西方同行相比出现了较大的差异。从特点上看,首先是中国黑客诞生在一个“先天不足”的舆论环境之中。当他们在 1994—1996 年左右开始萌芽时,“Hacker”已经被翻译成贬义词“黑客”并通过媒体日益为公众所知。当声称自己是黑客如同承认自己是计算机犯罪分子之时,这顶本来颇为光荣的帽子自然被大多数人弃之如敝屣。而同样的问题在美国黑客那里却至少有一些应对的办法——虽然抛出“骇客”这样的称呼没有起到预想的效果,但他们仍然可以凭借过去二十年间做出的杰出成果进行辩护,同时还有《Mondo 2000》《连线》(Wired)、《波音波音》(Boing Boing)这样的强力专业杂志为自己正名。但是中国黑客才是尖尖荷角,他们拿不出任何东西表明自己拥有光荣血统,因此也只好眼睁睁地看着“黑客”一词被越描越黑。其次则是中国缺乏经典黑客成长所需的土壤。作为依靠反帝反封建革命得以建国的第三世界国家,民族主义和国家主义是更容易被我们接受的文化思想,而它们恰好与培育经典黑客文化所需的自由主义、无政府主义文化存在多方面的理论冲突,因而直接导致了黑客文化在中国的转型。

我们不妨先来看看翻译问题。中文里把 Hacker 翻译为"黑客",显然是音译加意译的结果。"黑"在中文里可不是什么好词儿,"黑社会"、"黑手党"、"洗黑钱"……统统都是为非作歹的行当。如果不是先行预判了 Hacker 的贬义色彩,翻译家不会轻易把"黑"加到 Hacker 的头上。就算他们不了解 Hacker 拥有褒义,那至少可以翻成中性化的"海克"或者"哈克"吧。因此,问题就变成了 Hacker 一词究竟何时传入中国,中国翻译家接触 Hacker 一词的年代对它被翻成褒义还是贬义具有很关键的影响。考虑到中国是在 1987 年才首次实现国际远程联网,1988 年才发现首例计算机病毒,我们对 Hacker 的了解应该不会比 1983 年的《新闻周刊》更早。而在 80 年代末 90 年代初,最被国际媒体聚焦关注的 Hacker 显然既不是史蒂夫·沃兹尼亚克,也不是理查德·斯托曼,而是"手指一接触键盘就会制造数字灾难"的凯文·米特尼克,以及"制造蠕虫病毒险些弄垮整个网络"的罗伯特·莫里斯。在这种情况下,将"Hacker"翻译成"黑客"就显得顺理成章,甚至可以赞为符合"信、达、雅"的佳作。

现在要弄清究竟是谁第一个将 Hacker 翻译成黑客恐怕已不容易,但是仍可以找到一些值得参照的线索。通过查询新华网多媒体数据库[1],在结果中有关"黑客"的最早新闻是在 1996 年 7 月 3 日。由于文中对黑客进行了颇为详细的解释,可倾向于认为这是有关黑客的初期报道。即便不是最早,也该相去不远。这则新闻报道内容如下:

〔1〕 新华网多媒体数据库. http://info.xinhua.org/cn/index.jsp.

综述:西方电脑网络备受“黑客”困扰

新华社纽约7月2日电　新华社记者张良华

美国等西方国家的电脑网络不断遭到“黑客”的侵袭,引起各国政府的广泛关注。黑客是英文“Hacker”的译音,原意为热衷于电脑程序设计者。但这些人不同于普通的电脑迷。他们掌握了高科技,但专门用来窥视别人在网络上的秘密,如政府和军队的核心机密,企业的商业秘密及个人隐私等全都在他们的窥视之列……

当“黑客”被定下名分之后,媒体的跟进报道自然会保持统一的口径。中国媒体在报道黑客活动时所出现的问题与它们的西方同行很相似。即首先无视“骇客”这样的称呼,直接将黑客与计算机犯罪分子挂钩。其次是随着以讹传讹和变本加厉,开始轻率地将一切与计算机网络有关的犯罪统统算到了黑客头上。这两个方面加起来导致了今日你我这样的普通网民产生了闻“黑”色变的心理定势。

来自媒体的“黑客定义”扩大化使得黑客(甚至骇客)蒙受了许多不必要的冤屈。比如,某人打电话冒充同事套你说出了系统登录密码,这能算黑客吗?当然不算,这是骗子。又如,某人深夜撬开机房大门直接下载计算机数据,这算不算黑客呢?当然也不算,这是强盗。但是媒体草草将此类事件轻易打上“黑客”标签,这在“不明就里”的借口下或许包藏着利用这两个字招揽点击流量之心。可这一行径所造成的负面影响却不得不由黑客群体默默扛下来。久而久之,这一群体变成了人人喊打的过街老鼠,同时也因为合法性受到质疑而渐渐丧失群体内部的凝聚力。

我们不妨来看一些具体的新闻报道中是如何将黑客“抹黑”的。第一篇节选载于2010年6月4日的《浙江法制报》：

网吧收银员与黑客勾结监守自盗

5月初，原在一家保险公司当业务员的阿红看到一个诱人的广告称：“掌握‘木马软件’，月薪收入5 000元不是梦！”她便与打广告的“黑客”取得联系。对方叫阿红先去应聘网吧收银员，再与其联系。

于是，阿红应聘市区的一家网吧当收银员，一上班便把收银的IP地址发给“黑客”。“黑客”很快在网吧收银系统安装了“木马软件”。此后，网吧收银情况便在“黑客”的远程掌控之下。

当阿红“赚”到800元后，“黑客”就与阿红联系，叫她给“工本费”。随后，阿红应约到市区某小吃店，给了“黑客”800元钱。双方当场把手机通讯通话记录、短信全部予以删除，表示不再互相联系了。

不久，网吧老板便发现，只要是阿红当班，网吧利润就要少几百元钱。于是，网吧老板请教了有关电脑专家，得知收银系统可能中了“黑客”的“木马软件”，被修改了收银数据，因而短款。

之后，网吧老板就悄悄在收银员电脑安装了“远程屏幕录像专家”。监控显示，阿红仅三天就把300多元钱据为己有。据此，网吧老板向鹿城公安分局南浦派出所报案，并把录像证据提供给派出所。

5月底，阿红被警方被传讯。在证据面前，阿红供认了上班25天来，每天都偷钱，估计偷了有2 000多元钱。鉴于金额较少，警方根据《治安管理处罚法》对阿红处以行政拘留5天……

细读这则新闻,不难发现其矛盾之处。按前两节的表述,是黑客打广告引诱阿红,目的是让她在工作单位埋下“木马”。按媒体传授给我们的定势思维,此举当然是黑客要借机盗取登录密码,进而转移资金之类。可是再往下看,黑客还没赚到钱,阿红倒是先偷到了800元,并且立刻用这笔钱了结了与黑客的交易,此后步入自己偷钱的路子,直到最后被抓。

这则新闻里的“黑客”显得十分滑稽。在已经安装木马,悉数掌握网吧收银情况的条件下,此人居然想不到直接转移资金,而是耐性极好地等待阿红零敲碎打积累800元赃款。这种事倘若被弗拉迪米·莱文之辈听闻,估计忍不住要骂他玷污了骇客的名声。

在本书看来这起案件的真实情况可能是这样的:阿红遇到的既不是黑客也不是骇客,而是一个在网上兜售恶意软件的人(比如某甲)。这款软件也不是木马,而是可以针对特定网吧收银系统终端作假的工具——这当然也不会是某甲亲自开发的。如果他有这个能耐,就不会为了800元殚精竭虑了。

某甲从网上找到,或低价购入了这样的软件工具。由于他并不会远程入侵技术,所以只能尝试将它贩卖给网吧收银员来赚取差价(即新闻中所说的“工本费”),这就是他要求阿红去应聘的原因。由此也可以想到,新闻中“‘黑客’很快在网吧收银系统安装了‘木马软件’”一句也是靠不住的,更可能的情况是某甲将这个软件发给了阿红,由后者在本地自行安装运行。因此,要断案的话,阿红涉嫌盗窃罪;而某甲提供作案工具,涉嫌共同犯罪以及传授犯罪方法罪。这里从头到尾根本就不关黑客任何事。

再来看一例载于2008年12月1日《江苏法制报》上的类似

新闻：

网吧网管“客串”黑客　监守自盗被判刑

网吧收银员利用系统漏洞侵占巨额营业款，并将操作方法传授他人，致其犯罪。11 月 26 日，经无锡市惠山区检察院提起公诉，董某因传授犯罪方法罪和职务侵占罪被依法判处有期徒刑两年。

董某曾在长安某网吧当收银员，负责运用网吧系统管理软件为上网用户进行充值，并收取上网费。2007 年 5 月，董某偶然发现系统管理软件中有一项“会员充值”功能，以此功能收取上网费用，系统不会自动计入当天的营业额，而网吧老板在收取营业款的时候，一般只看系统显示的营业额，不看“会员充值”栏。董某利用这一漏洞，每天隐匿一部分营业收入，充实了自己的荷包。

尝到甜头后，董某将这个办法教给了另一收银员王某，王某遂依样操作。两人从一天拿几十元，发展到每人每天攫取几百上千元。11 月，王某私下查看了“会员充值”栏总额，发现两人隐匿的金额已近 10 万元。于是惊慌下向老板坦白，并立即退出 3 万余元，后王某被判处拘役 5 个月。董某闻讯后伺机溜走，不知去向。2008 年 7 月，董某在广西梧州市落网。

这则新闻从标题开始就出现问题。标题上说是“网吧网管”客串黑客，但在正文中所谓“黑客”又成了网吧的收银员。这两个工作岗位对计算机技术的要求简直是天壤之别，媒体将之混为一谈，首先显示了自身技术知识的苍白。

再看新闻内容，董某所发现的“软件漏洞”其实与安全无关，充其量算是设计不够人性化而已。碰巧老板又是个查账不严的迷糊蛋，这才导致盗窃行为轻易得手。打个比方说，同样是寻找“安全漏洞”来进入大楼，真正黑客靠的是获取平面蓝图，研究保安作息，必要时制造断电，然后偷偷借助污水管、通风管实施潜入。而董某等人发现的“安全漏洞”，只是恰好大门敞开，保安醉倒而已。这起犯罪可以说谈不上任何技术含量，但新闻标题中偏偏还要加上“黑客”两个大字。

在翻译定性和媒体宣传的联合作用下，“黑客”活动不可避免地成为了国家法律直接定义下的犯罪行为。例如1994年由国务院颁布的《中华人民共和国计算机信息系统安全保护条例》第二十三条规定：

> 故意输入计算机病毒以及其他有害数据危害计算机信息系统安全的，或者未经许可出售计算机信息系统安全专用产品的，由公安机关处以警告或者对个人处以5 000元以下的罚款、对单位处以15 000元以下的罚款；有违法所得的，除予以没收外，可以处以违法所得1至3倍的罚款。

1997年由公安部发布的《计算机信息网络国际联网安全保护管理办法》第六条规定：

> 任何单位和个人不得从事下列危害计算机信息网络安全的活动：（一）未经允许，进入计算机信息网络或者使用计算机信息网络资源的；（二）未经允许，对计算机信息网络功能进行删除、修改或者增加的；（三）未经允许，对计算机信息网络中存储、处理或者传输的

数据和应用程序进行删除、修改或者增加的；（四）故意制作、传播计算机病毒等破坏性程序的；（五）其他危害计算机信息网络安全的。

虽然这些法律法规中没有明文提到“黑客”，但是当后者已经被明确等同于“计算机犯罪分子”之时，就无疑成为了这些法律条文的“活靶”。来自法律的公然绞杀自然从最大限度上压缩了黑客群体的生存空间。唯有借助“反黑防黑”、“安全研究”等旗号才能暗自从事相关活动。对此一则网络报道描述道：“在北京街头的报亭可以找到名为《黑客防线》的杂志，其月发行量达到10万余册，而其出版名义是打着反黑客、防黑客，但它的购买者却都是渴望成为黑客的年轻人。”〔1〕

中国有经典黑客吗

思想领域的区别同样让经典黑客文化在中国处于式微状态。斯托曼、李纳斯这样的人不会因为合作伙伴与自己存在语言、肤色以及文化传统上的差异，或者所在国家与其母国政府交情存在深浅而予以不同的待遇。网络在他们眼里是没有国界的，他们为实现全人类的信息自由而战。但是在如中国这样盛行民族主义的国度，集体主义精神有效串联着单个个体，其结果是个人往往习惯于压抑自身的思想情绪，却不惧在集体性的合唱中追随狂欢。这一特点一方面导致经典黑客文化难以为继，另一方面则引导着黑客群体转型为基于民族主义和集体主义的新形式“红客”。

〔1〕 黑客时代——1968之后，Matrix之下. http://www.beareyes.com.cn/2/lib/200312/05/20031205162.htm.

与此相关的另一情况是，西方社会中的经典黑客群体某种程度上可以视为主流势力与骇客文化之间的夹心缓冲层。正如你在黑客大会上所能看到的，黑客向上可以与“白帽”专家就技术安全进行正统探讨，向下则可以与骇客精英就入侵破解实施亲切交流。黑客的存在本身起到了调节制衡骇客文化与主流文化间激烈冲突的作用。但是当黑客本身缺乏稳定生长土壤之时，必然导致一种内部的分崩离析：或者主动投靠主流势力成为白帽黑客，或者激化情绪转战骇客阵营。不难想见，当这样的“夹心缓冲层”日益薄弱乃至吹弹可破之时，所伴生的必然是主流势力与骇客群体的大规模直面冲突。而这一情景实际上已在中国上演多时。

不过中国黑客特别是早期黑客中依然不乏可被称为“经典黑客”的人物。比如龚蔚、谢朝霞、黄鑫、PP（彭泉）、天行（陈伟山）、王娟、小榕、袁哥……在我们即将把视角转向骇客的时候，不妨先回顾并纪念一下这些“大神”。当然，本书由于篇幅所限只能选择其中几位进行介绍。

黄鑫（网名 glacier）

黄鑫是广东人，生于 20 世纪 70 年代末，毕业于西安电子科技大学。在大学时代为了给自己的计算机杀毒，他一头钻进网络安全技术世界开始求索，结果在 1999 年上半年拿出了“冰河”软件。此时木马软件已经在中国黑客中广泛使用，但多数是 BO 和 BUS 之类“西洋马”，其操作方法以及语言界面让很多黑客新手为之却步。另外由于知名度较高，这些木马也很容易被杀毒软件擒获。此时“冰河”的出现让黑客们大感欣慰，它清晰易懂、功能强大，最妙的是暂时还没有受到杀毒软件的重视，因而迅速成为了黑客使用最广泛的木马。这种意外的结局让黄鑫感觉啼笑皆非。他本来是将“冰河”当做一个方便自己的远程控制软件来编写的,不想最后却成了黑客手中攻城拔寨的利器。不过虽然如此,他依然再接再厉推出了更为强大的后续版本,以至于可以让菜鸟在顷刻之间变成极具攻击力的人物。然而当黄鑫发现“冰河”已经成为计算机入侵的代名词并为媒体公众大加驳斥时,他毅然停止了后续开发工作。

黄鑫显然符合“经典黑客”的标准:他精通技术并拥有强大的软件开发能力,同时又将成果无偿提供给网民分享。他从来没有入侵过任何一个网站,甚至在开发测试“冰河”时也是利用自己和朋友的计算机来检验。很多人得到“冰河”后不用于正途,不能得出黄鑫在制造“罪恶”的结论。因为武器本身是无罪的,用它维护和平还是恐吓民众是使用者的事。而黄鑫选择停止开发“冰河”后续版本的做法已经充分体现了一位程序员的良知。2000 年年底,黄鑫加盟网络安全网站“安全焦点”(xfocus.net),他将完成公司本职工作之外的精力都用在了知名扫描器 XSCAN 的开发升级以及“安全焦点”的建设维护上。

小榕

小榕,本名不详,1972 年生,1995 年工科大学毕业,软件专业的历练让他有了很好的程序编制能力。小榕不算是一个乖孩子,读书时代就有过抽烟、打架、进派出所的经历,这让他在黑客道路上的印迹与黄鑫这样的好好先生形成显著差异。1996 年,小榕开始通过中国教育科研网上网冲浪。由于网费太高,他就尝试去破解别人的账号。成功的快感让他很快将触角伸到了破解电子邮件上,进而推出了他最著名的软件工具“流光”。这一软件面世后立即如“冰河”一样受到了急缺弹药的中国黑客的热烈欢迎。在黑客的鼓励下,小榕也不断为“流光”加入更为强大的功能,以至于成为了国产邮件破解工具的代名词。

小榕偏于桀骜的性格让他的黑客人生别具特色。他比较认同一种牛仔式的黑客伦理，即首先是品德而不是法律才是黑客应该遵循的底线。因此，他给自己定下的规矩就是：不仇视社会，不给别人制造麻烦，不给别人带来损失。除了“流光”之外，他还陆续开发了用于破解 Unix 系统密码的“乱刀”，用于破解网站论坛后台登录信息的“溯雪”，以及“流光”的服务器端版本“流影”。这些一律偏重攻击破解的技术成果显然正是小榕自身性格特质的体现。但是小榕并不轻易“出刀”，即便是攻防演练他也是尽量找朋友的计算机来做模拟。他更喜欢的是扮演武器供应商，将这些软件无偿提供给需要的人使用。唯有传说 1999 年美国轰炸中国驻南联盟大使馆后，国内群情激奋攻击美国网站的“红客大军”中有小榕默默的身影。他就是这样的性格，想到就去做了，无须声张，也无须解释什么。至今“小榕软件”(netxeyes. com)也同样默默矗立在互联网的一角，页面上镌刻着小榕的格言：无论在现实或是网络中，我都是孤独的……

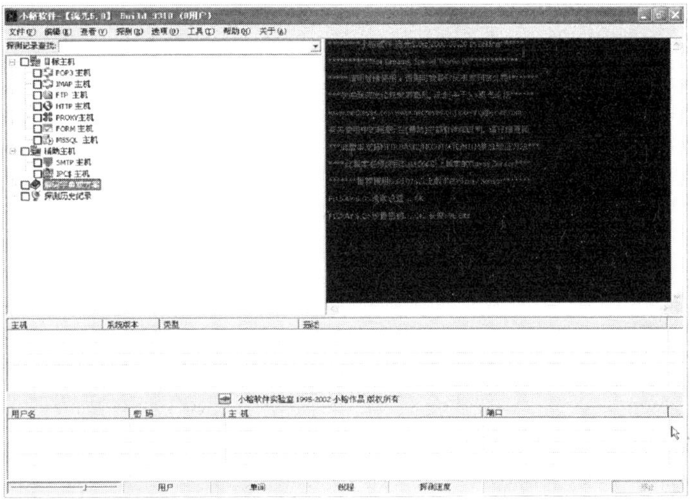

“流光”界面截图

林正隆

这是一位来自台北的黑客，年龄与职业不详，个人网址是 http：//coolfire. fetag. org。他常用的网络 ID 是 Fetag，但是更为大陆黑客群体所知晓的则是 Coolfire，原因是他在 1998 年前后以 Coolfire 为名撰写了一组黑客入门文章，并且开头都有这样的警示语："这不是一个教学文件，只是告诉你该如何破解系统，好让你能够将自己的系统作安全的保护，如果你能够将这份文件完全看完，你就能够知道电脑骇客们是如何入侵你的电脑，我是 Coolfire，写这篇文章的目的是要让大家明白电脑安全的重要性，并不是教人 Crack Password。"[1]

至今仍可以借助"Coolfire 黑客入门教程"这样的关键词在网络中找到这组文章，严格来说，它们并非如何高深的技术研究，而只是介绍了入门级的入侵技巧。但是由于当时的中国黑客也正处于嗷嗷待哺的时期，因此这些入门知识的到来确实有"久旱逢甘霖"的感觉。很多黑客就是靠着其中无比耐心和详细的教导开始学步，最后逐渐成长起来的。试举其中一段教程为例：

> 进入主机有好几种方式，可以经由 Telnet（Port 23）或 SendMail（Port 25）或 FTP 或 WWW（Port 80）的方式进入，一台主机虽然只有一个地址，但是它可能同时进行多项服务，所以如果你只是要"进入"该主机，这些 Port 都是很好的进行方向。当然还有很多 Port，但是 DayTime 的 Port 你能拿它作什么??? 我不知道，你知道吗?! 底下的示范并不是像写出来的那么容易，只不过是要让你了解如何进入，当然其中还有很多问题，如打错指令等等的毛病……没有出现在课堂上，但是我为了面子……一定要删掉这些不堪入目的东西嘛……
>
> 示范进入主机的方法：(By Coolfire)

[1] Coolfire 黑客入门教程：http://wenku.baidu.com/view/1db54a50ad02de80d4d840fa.html.

（首先要先连上某一台你已经有账号的 Telnet 主机，当然最好是假的，也就是 Crack 过的主机，然后利用它来 Crack 别的主机，才不会被别人以逆流法查出你的所在）

Digital UNIX (ms.hinet.net) (ttypa)

login：FakeName

Password：

Last login：Mon Dec 2 03:24:00 from 255.255.0.0

（我用的是 ms.hinet.net……当然是假的罗，都已经经过修改了啦！！没有这一台主机啦！！别怕！别怕！以下的主机名称都是假的名称，请同学们要记得！!）

Digital UNIX V1.2C (Rev.248)；Mon Oct 31 21：23:02 CST 1996

Digital UNIX V1.2C Worksystem Software (Rev.248)

Digital UNIX Chinese Support V1.2C (rev.3)

（嗯……进来了！开始攻击吧！本次的目标是……）[1]

这就是典型的 Coolfire 的文风。虽然没有证据表明这些教程是专门为大陆黑客写的，但它们却一直以来都被后者当做经典文献来顶礼膜拜。Coolfire 能够将黑客枯燥的入侵过程写得无比生动，从而让每一个跃跃欲试的脚本小子都觉得高手的境界离自己不远。直到今天，虽然文章中介绍的一些入侵技巧已经随着漏洞的修补完善而遭遇失效，但其中蕴藏的指示与激励

〔1〕 Coolfire 黑客入门教程. http://wenku.baidu.com/view/1db54a50ad02de80d4d840fa.html.

依然能够让很多年轻读者读罢不禁热血沸腾。当然，Coolfire也有着强烈的黑客操守，在发表这组文章的同时，他也写下了自己总结的一些道德规范以奉劝世人：

(1) 不恶意破坏任何的系统，否则只会给你带来麻烦。恶意破坏他人的软件将导致法律责任，如果你只是使用电脑，那仅为非法使用!! 注意：千万不要破坏别人的软件或资料!!

(2) 不修改任何的系统文件，如果你是为了要进入系统而修改它，请在达到目的后将它改回原状。

(3) 不要轻易地将你要Hack的网站告诉你不信任的朋友。

(4) 不要在BBS上谈论你Hack的任何事情。

(5) 在Post文章的时候不要使用真名。

(6) 正在入侵的时候，不要随意离开你的电脑。

(7) 不要侵入或破坏政府机关的主机。

(8) 不在电话中谈论你Hack的任何事情。

(9) 将你的笔记放在安全的地方。

(10) 想要成为Hacker就要真正的Hacking，读遍所有有关系统安全或系统漏洞的文件(英文快点学好)!

(11) 已侵入电脑中的账号不得清除或修改。

(12) 不得修改系统档案，如果为了隐藏自己的侵入而作的修改则不在此限，但仍须维持原来系统的安全性，不得因得到系统的控制权而将门户大开!

(13) 不将你已破解的账号分享于你的朋友。[1]

---

〔1〕 百度百科——林正隆. http://baike.baidu.com/view/595601.htm.

漏洞发现者:袁仁广和 Wu Shi

以上谈到的都是偏向进攻和入侵的专家,但这并非黑客的全部,建设与防守同样体现功力。来自重庆的黑客袁仁广(hi.baidu.com/yuange1975)就是一位精于寻找微软系统漏洞的高手。他生于70年代,数学专业出身,以"袁哥"为名行走网络。进入IT行业工作后,他依靠自学掌握了汇编语言、CPU结构、病毒防杀等技巧,并且特别喜欢钻研 Windows 系统知识。早在1998年他就发现了第一个 Windows 共享漏洞并向微软公司写信汇报,遗憾的是没有得到答复,原因很可能是中文信件导致了乱码。2000年他再用英文方式进行汇报,终于引起微软重视并进行了修补。[1] 袁哥前后一共发现了20多个 Windows 系统漏洞,其中一半以上得到了微软的公开承认。这使他在中国黑客圈子中赢得了极高的声誉,甚至在世界黑客领域中也为展示"中国力量"出了不小的力气。

另一位来自上海的漏洞专家 Wu Shi 也是70年代生人,毕业于复旦大学。他的专长是寻觅浏览器软件中的漏洞。自2007年以来,他已经发现了 IE、Safari 和 Chrome 等浏览器中存在的100多个严重漏洞,其中超过一半以上来自苹果 Safari 浏览器。在2010年的一次安全更新中,苹果针对 iPhone 操作系统发布了64个漏洞补丁,其中只有6个是苹果自家研究人员发现的,另外12个由 Google 研究人员发现,而 Wu Shi 则独力发现了15个。

Wu Shi 并没有以他的技术在中国黑客圈中获得响亮的名头,而他自己似乎也没有这样的打算。这里的原因可能在于他对待自己发现漏洞的方式,并不是像袁哥那样直接写信汇报软

〔1〕 Microsoft Security Bulletin MS00—072. http://technet.microsoft.com/en-us/security/bulletin/ms00—072.

件公司，而是卖给了一家名为 ZDI 的项目组。该项目组是 2004 年由 3Com 公司联合旗下 Tipping Point 公司共同成立的，全名是 Zero Day Initiative，即“零时差”之意。这一项目组通过现金奖励的方式征集重要软件的系统漏洞，目的是避免这方面的研究者因毫无回报而失去动力甚至将成果转卖给骇客组织。从这个角度分析，Wu Shi 确实更像自食其力的网络安全专家而非经典黑客。但不可否认他的研究工作为世界网络安全作出了重要的贡献，而这也正是经典黑客们所锐意追求的目标。Wu Shi 同时表示，他只是把漏洞买给那些承诺不会用于非法活动并及时反馈给软件商的人和组织。他曾遭遇过黑市买家愿意出 10 倍于 ZDI 的奖金来购买漏洞的诱惑，但道义力量让他选择了拒绝，其次的原因是“我并不希望自己有危险，而这些危险正是源于和罪犯的交往”。[1]

地下犯罪产业链

在“求做黑客而不得”的环境下，中国的网络技术高手们面临着两种选择。一是投身主流文化，比如受聘为安全专家，或自发创业变成 IT 巨子。二是抛去对荣誉和脸面的追求成为骇客。这虽然将直接成为法律打击的对象，但如能够在监管大网中钻到空子，却也不失丰厚的“钱途”。当然我们说过还有一类“红客”。但红客更多是一种从思想意识上的归类，并不适合参与上述趋于技术生涯的划分。而事实也证明，无论白帽专家还是骇客大盗均可以接受民族主义感召而在红客阵营中一致携手对外。当然，一旦外敌肃清，他们则又会再次针锋相对。

〔1〕 中国黑客给苹果的启迪. http://article.yeeyan.org/view/162130/118075.

1997年开始，中国网民人数持续井喷式增长，这为黑客群体的壮大奠定了人数基础。2000年左右，第一代（“70后”）黑客纷纷转型为安全人员，或退隐江湖不问世事。新涌现出的“80后”、“90后”黑客比起他们的前辈来说则呈现整体素质下降趋势。很多年轻人耐不住寂寞的学习过程，总想一晚发育成大侠，这使得他们的水准长期停留在脚本小子的层次。而在真正拥有一定开发功力的程序员那里，黑客文化精神又往往被束之高阁，或浅尝辄止。新开发出的软件不再如“冰河”、“流光”那样提供免费下载，而是纷纷在“联系注册”的信息中给出了银行账号。更可悲的是，一整套以骇客为先锋的地下经济产业链正在逐步形成。这一产业链的存在既对正常的IT商业经济构成了冲击，也日益诱惑着掌握一技之长的年轻人前赴后继地跳入火坑，从而在很大程度上使中国黑客文化日益支离破碎，甚至朝着反文化的方向堕落。

瑞星(rising.com.cn)网站于2007年发布了中国“黑客/病毒产业链示意图”，从中不难看出，一切活动均是以骇客入侵为开端，并将获取金钱作为最终目标。软件盗版并不是其中的“龙头产业”，这一方面是因为很多软件的性质已经从商品变成了服务工具，另一方面则是由于存在着比盗版更具收益性的项目，如贩卖病毒、盗取账号、培养肉鸡等。这一产业链具备了名目繁多、流程清晰、分工熟练、报酬明确等特点，从而使得参与其中的骇客突破了单纯进行文化反抗的性质，转变为赤裸裸的犯罪行为。以下我们将通过一些典型的事例来进一步描述其情形。

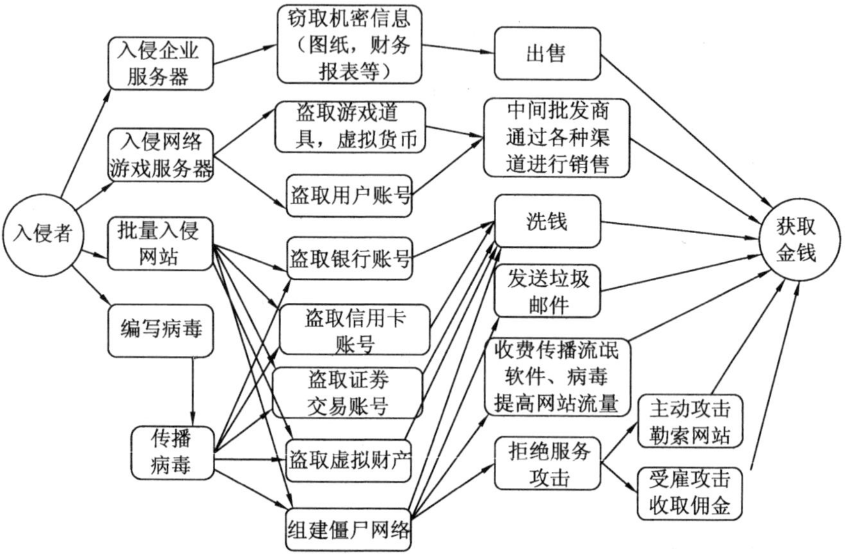

黑客/病毒产业链示意图

超越冰河的“灰鸽子”

老式木马在客户端运行后，会在本机打开一个非常用网络端口等候连接。由于大部分防火墙对连接端口会进行非常严格的过滤，致使这种连接很难成功建立。反弹端口型木马则是利用本机合法的常用端口对外联系，因而往往能骗过安防软件达到建立连接的目的。

直到 2000 年，“冰河”依然是国产木马软件的领军程序。有一种说法是，当时全国每 100 台计算机中即有一台被入侵者安装了“冰河”客户端。但随之而来的也是一干安防软件厂商的密切关注，一系列专杀、专防规则工具的推出很大程度上减缓了“冰河”的威力。再加上软件作者黄鑫已于当年 4 月宣布不再开发后续版本，这使得“冰河”面临着一个由盛转衰的前景。

2001 年，来自安徽潜山的“80 后”青年葛军与同伴黄土平开办了“灰鸽子”工作室，推出了他们研制的“灰鸽子”远程控制软件。早期的“灰鸽子”完全是模仿“冰河”开发而成的，并且作者还选择了开源方式，这种趋于学术研究的做派很大程度上提升了这款软件的下载量和知名度。由于设计在后，“灰鸽子”可以用上很多“冰河”不具备的技术。比如“反弹端口”技术就可以让软件避开大多数个人网络防火墙的拦截。再加上同样因为初出

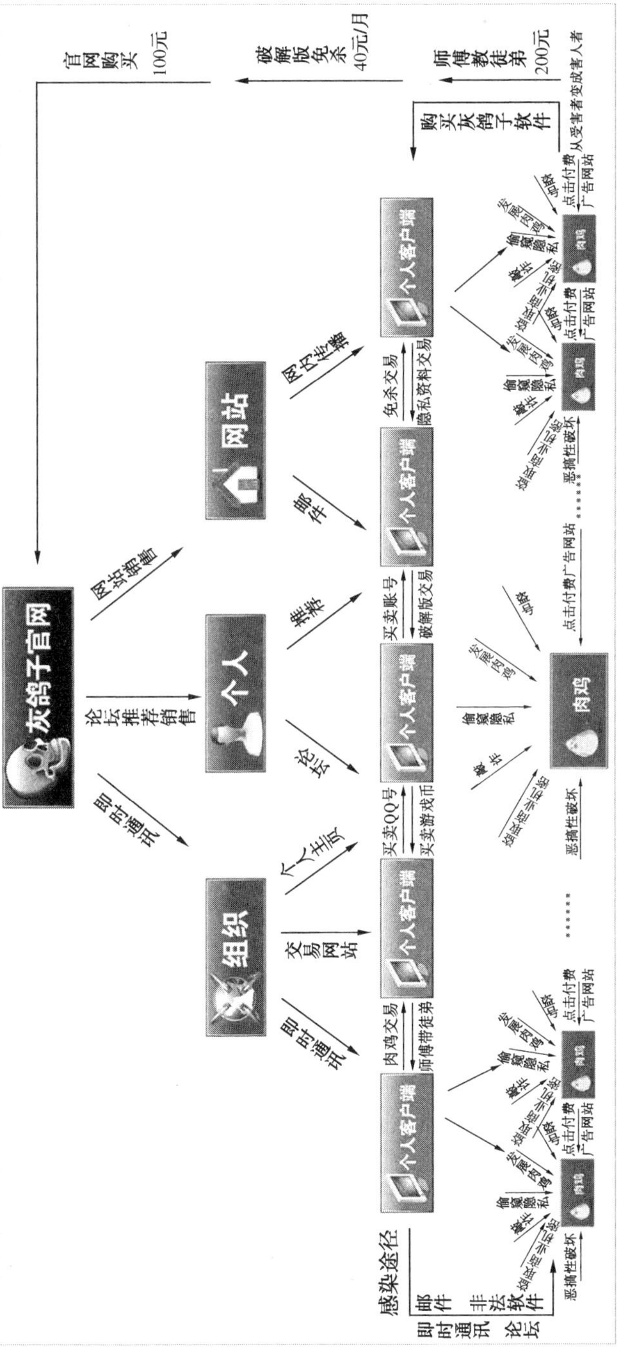
灰鸽子官网
官网购买 100元
破解版免杀 40元/月
师傅教徒弟 200元
购买灰鸽子软件
从受害者变成害人者
即时通讯
论坛推荐销售
网站销售
组织
个人
网站
即时通讯
交易网站
个人主页
论坛
推荐
邮件
网内传播
个人客户端
肉鸡交易
师傅带徒弟
买卖QQ号
买卖游戏币
买卖账号
破解版交易
免杀交易
隐私资料交易
肉鸡
偷窥隐私
发展肉鸡
敲诈
恶搞性破坏
点击付费广告网站
感染途径
即时通讯
邮件
非法软件
论坛

"灰鸽子"产业链示意图

茅庐未被关注，因而一时也躲开了大部分安防软件的拦截。

“灰鸽子”工作室声称这是一款与“冰河”类似、同样为正常远程工作而设计的软件。它属于共享软件，其免费版本存在使用限制，想获得全功能版本必须向葛军缴纳费用以获得注册码。但是以金山毒霸为首的国内安防厂商很快发现，该软件在客户端均默认以隐藏方式启动，同时还会将自身图标伪装成 Word 软件等形式，这无疑是木马程序的重要标志，于是立即将“灰鸽子”列入了查杀范围。不过灰鸽子开放源码的举动使得其“分身”层出不穷，在各路骇客的苦心研究下，至 2005 年竟然出现了3 000 个变种。这一时期“冰河”已经逐渐“融化”，而防不胜防、遍地开花的“灰鸽子”终于登上了“木马之王”的宝座。一时间中国各种安全技术论坛里谈论的都是“灰鸽子”，网上密布各种“灰鸽子黑机大法”。脚本小子们一朝手握“灰鸽子”，马上能把米特尼克、莱文之类统统视作浮云。

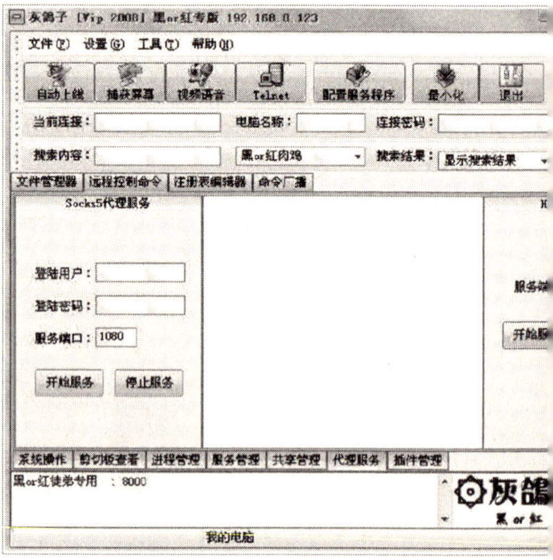

“灰鸽子”界面截图

2007 年 3 月，重压之下的“灰鸽子”工作室宣布关闭，但这并不意味着“灰鸽子”软件就此消失。除了各种各样的变种木马依旧在网络上肆虐之外，这一年还出现了显然拥有“官方”色彩且性能强大的“灰鸽子”2007 版。该版本隐形性能更强，可以注入 QQ 等常用程序，并可同时监视多个目标主机。此外它对远程计算机的操纵能力也获得了大幅提升，甚至可以偷偷打开用户的摄像头。这一切导致了一条以“灰鸽子”木马为基础的地下经济产业链的形成(见“‘灰鸽子’产业链示意图”)。在这条产业链中,“灰鸽子”官网以及二道贩子“组织”、“个人”和“网站”主要以出售软件方式牟利——尽管软件本身是可以复制的,但“共享版”对功能的限制以及大量充斥网络的带病毒版本使得“正版”依然走俏。“个人客户端”主要是各种骇客,他们购买到“灰鸽子”后即通过各种方式“种马”并收获受害用户(肉鸡),从“肉鸡”身上可以获得的利益包括盗取账号、转移数据、敲诈隐私、遥控点击付费广告等,实在没什么油水可榨也能搞搞恶作剧满足一下发泄心理。而作为可怜之人的“肉鸡”也有其可恨之处,有些“肉鸡”中招后想到的对策竟是拜骇客为师,转身也开始用“灰鸽子”去入侵他人。这样一来他们就从受害者变成了害人者,同时也进一步壮大了整条产业链的“群众基础”。

“证券大盗”被判无期

2004年,当中国股民正在低迷的市场氛围中期盼出路的时候,却迎头又遇上一个“丧门星”。一种诡异的木马病毒“证券大盗”开始在网上流传,中招的人往往股票不翼而飞,或被自动低价抛售,从而在股民中引起了阵阵恐慌。

而在此间得利的是张勇、王浩、邹亮三名犯罪分子。他们原先也是股民,但在经营不善的情况下想到了利用歪门邪道弥补损失。张勇精通计算机编程技术,遂由他一手炮制出了“证券大盗”木马。这个木马被放置在同样由张勇架设的陷阱网站上,网站通过“提供各种炒股秘籍”等诱饵吸引股民访问。只要一打开该网站,“证券大盗”木马就会悄无声息地自动下载到股民计算机中并安装运行。

如同其他目标明确的木马一样,“证券大盗”不会轻易让股民计算机停滞或崩溃,它老老实实地潜伏着,唯有当发现计算机

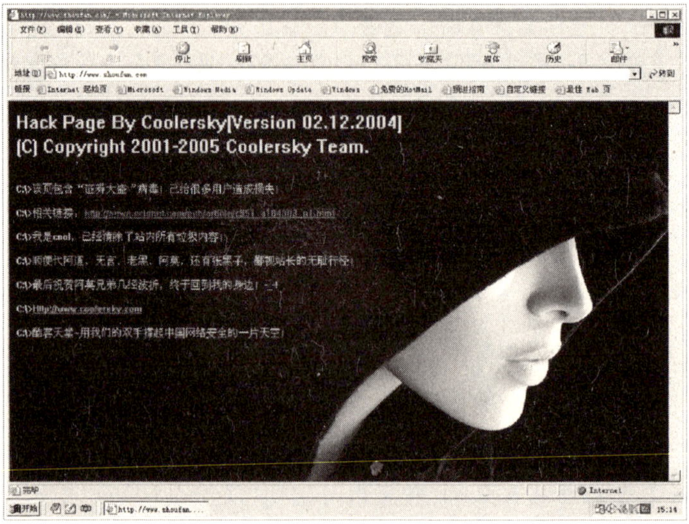

被攻破的"证券大盗"网站首页截图

启动了各种网上股票交易系统后才活动起来。一边利用"键盘记录"程序保存用户的登录名及密码，一边用屏幕截图功能将用户的操作界面一一保存为图片。最后这些资料又被木马通过邮件方式回馈到张勇等人的信箱中，后者遂可以操作受害股民账号，选择低价抛出并迅速获利。"证券大盗"的出现很快引起了证券交易所以及警方的重视，两个月后张勇等人落网。在此期间，他们通过"证券大盗"截获了 50 多名股民的账户密码，以低价抛售的方式获利近 40 万元，同时造成这些股民 1 000 多万元的经济损失。

张勇等人制作并传播木马的行为与制造"灰鸽子"的葛军不同。后者还可以看成是单纯通过售卖软件牟利，属于《计算机病毒防治办法》和《治安处罚法》约束的范围。但"证券大盗"涉嫌直接危害公民财产以及社会秩序的稳定，因此最后按《刑法》规定的盗窃罪论处。张勇被判无期徒刑，两名从犯分别判处 13 年和 14 年的有期徒刑。与此同时，害人不浅的"证券大盗"网站也被黑客出手攻破并清除所有内容，去除了广大股民的一个心病。

"熊猫烧香"

发生在 2007 年的"熊猫烧香"病毒案是中国又一次恶性互

联网灾难。这年 1 月初，很多网民发现自己的计算机频繁出现蓝屏、僵死等现象，U 盘或移动硬盘无法访问，系统中的一些数据文档特别是以.gho 结尾的文档不翼而飞。当然更为明显的表现是系统中的可执行文件图标均变成了手拿三支香进行叩拜的熊猫图案。后来他们知道，这是中了一种叫做“熊猫烧香”的病毒。

中了“熊猫烧香”病毒后的桌面图标

“熊猫烧香”是一种蠕虫病毒，并且属于变种。它最初是一种恶搞程序，功能仅限于替换系统可执行文件的图标而已。但是被升级改造后加入了很多恶意功能，比如自动打开系统端口、自动下载盗号木马、自动窃取用户数据等，并且通过局域网感染传播的能力大为增强。而它之所以要删除.gho 结尾的文件，是因为这是系统恢复工具 Ghost 制成的恢复镜像。删除这样的文件将使得用户不能通过还原系统的方法轻易将自身消灭。

此时中国地下经济产业链已经日臻成熟，因而围绕着“熊猫烧香”很快搭起了类似“灰鸽子”那样的牟利格局。或者也可以说，“熊猫烧香”本身正是这一地下犯罪群体推出的年度新作而已。与此同时，中国的安防软件企业也在一浪高过一浪的斗争中变得愈加锐利起来。不过即便如金山毒霸、瑞星等公司迅速推出了专杀工具，“熊猫烧香”还是以其快速的传播速度和近百个不同变种的联合侵袭使得数百万台个人计算机中招，而企业级服务器也有相当数量受到感染。原本憨厚可爱的熊猫形象一下子成了广大计算机用户心中挥之不去的梦魇。

这种不安情绪随着当年 2 月 12 日病毒制造者李俊的落网得到了一定缓解。据李俊交代,"熊猫烧香"病毒是他于 2006 年 10 月在借鉴原型程序(即更改图标的恶搞程序)的基础上编制而成的。由于威力巨大,很快被地下产业链看上并加以推广传播。李俊在此过程中的获益据称每天可达万元,但这比起病毒为整条产业链带来的收益以及网络社会为此所付出的代价而言可谓九牛一毛。被捕之后,李俊积极认罪并努力编写解毒程序。不过来自金山、瑞星公司的安全专家看后却认为,李俊的解毒程序技术很低劣,一方面未必能将病毒杀尽,另一方面则可能殃及无辜。李俊不能写出解毒软件来杀死自己制造的病毒,看似是一个笑话,实际恰好印证了来自经典黑客的说法:在计算机行业,搞破坏虽然也需要一些技术,但比起建设维护来说就浅显得多了。用铁丝拨几下锁芯或许就可以开走一辆汽车,但想成为汽修工程师却绝无如此快捷的途径。

珊瑚虫版 QQ

发生在 2007—2008 年的腾讯 QQ 起诉珊瑚虫工作室案也是印证中国黑客活动的又一典型事件。作为一款网络聊天工具,QQ 一直实行免费下载使用的政策,但这并没有让用户完全感觉满意。比如说,QQ 中有不少功能必须要付费才能享受,还有一些用户期盼的功能腾讯始终不予提供。这些情况就催生了一批围绕 QQ 制作"第三方辅助软件"的黑客团体。这些辅助软件被以插件、套件甚至外挂的形式开发出来,著名的有珊瑚虫版、木子版、飘云版、彩虹版等。

腾讯对这些软件的态度最初是欢迎的,至少不表示拒绝。以珊瑚虫版为例,其作者陈寿福(网名 soff)系北京理工大学计算中心教师,他从 2001 年就开始制作珊瑚虫版 QQ。这一作品除了具有 QQ 基本功能外，最主要的是通过珊瑚虫增强包达到了屏蔽腾讯广告、显示好友 IP 地址以及选装 MSN 风格声音等功能。这些功能中第一项属于 QQ 收费会员才能享受的专利，后两项则是腾讯迟迟不予提供的应用——说实话要让 QQ 官方提供选装竞争对手 MSN 的音效功能确实也不太现实。

珊瑚虫版 QQ 页面截图

腾讯官方对珊瑚虫版 QQ 显然予以了默许，甚至长期在官网上提供该版本的下载链接。腾讯表现得如此大度主要缘于希望这些草根辅助软件为自己招揽更多用户——虽然早在 2000 年 QQ 就已经占据了国内即时通信市场 90% 以上的份额，但使用者多以 15～22 岁之间的青年学生为主，而被视为优质客户的白领阶层则普遍使用微软公司的 MSN。另一个原因则是 QQ 本身也一直萦绕在“山寨”、“克隆”的骂声阴影中不得自拔。QQ 最初的名称是 OICQ，是一款模仿流行于欧美的即时通信软件 ICQ(I Seek You)的产物，并且其内含的用户头像也基本取自大力水手、米老鼠、唐老鸭、Hello Kitty 等受版权保护的注册商标。2000 年，腾讯收到 ICQ 商标的拥有者，美国在线(AOL)公司发来的律师函后，才不得不在新版本中将 OICQ 改名为 QQ，并随之清除了涉及侵权的用户头像。这样的背景导致腾讯不得不忍气吞声，倘若轻易以版权为口舌告别人的状，必然在业内引发阵阵嗤笑。

但是时间来到 2006 年后，腾讯终于忍不住将珊瑚虫工作室告上法庭。此时腾讯不再选择低调的原因除了羽翼更见丰满而 MSN 日薄西山之外还有两个因素。一是 QQ 上附加的会员收费功能已经日渐成为其重大收入来源，自然容不得珊瑚虫版继续进行破解。二是陈寿福心态失衡被腾讯抓到了把柄:由于珊瑚虫 QQ 知名度高,下载量大,他开始不满足于仅仅免费开发分享而只赚取口碑声誉这样的现状,从而与一些找上门来的软件厂商达成了“捆绑安装”的协议。具体地说,就是将这些厂商意图推广的“流氓软件”加到珊瑚虫 QQ 的安装文件中,使得下载安装珊瑚虫 QQ 的用户一不小心也装上了这些自己未必需要的程序,进而成为这些不良商家的潜在用户。陈寿福通过这样的方式获益上百万元,这成为腾讯诉状中被告“侵犯著作权”、“非法获益”的主要证据。这场官司直到 2008 年才分出胜负,结果是陈寿福以“侵犯著作权罪”被判有期徒刑三年,追缴所得赃款并处罚金 120 万元。这一判例随即也成了国内软件厂商用以震慑破解盗版组织的武器。但地下产业链的攻击目标却相当丰富,既然国内软件行业搞起“严打”,那么不妨转攻国外程序。

“番茄花园”事件

同样发生在 2008 年的微软起诉“番茄花园”事件简直就是珊瑚虫 QQ 事件的翻版。区别只是“涉事”的软件产品从小小的聊天工具 QQ 变成了庞大的操作系统 Windows XP,同时“苦主”也由地头蛇腾讯变成了国际大鳄微软。由于原告成了洋人,此案变成了国际事件,涉及中国国家形象问题,因此其影响自然比珊瑚虫 QQ 要大了太多。

Windows XP 是微软于 2001 年发布的新一代桌面操作系统。它在功能、安全、操控、美感等各方面都全面超越了之前的 98 以及 2000 版本。因而甫一上市就造成热卖,当然没过多久其“俄罗斯破解版”也就通过互联网散播到了世界各地。这样的破解版虽然去除了使用限制,但存在诸多不够完美之处,比如说无法通过联机的正版验证(从而也就无法在线更新),附带了不少冗余文件(比如多语言平台),另外安装过程也比较繁琐。鉴于这样的情况，一些在此基础之上精心制作完美或傻瓜型安装光盘的组织就在世界各地涌现出来。在中国也有很多这样的组织，比如“番茄花园”就是其中一个。“番茄花园”由苏州青年洪磊（网名累累）以及另一名网名“大番茄”的技术人员在 2003 年合作打造。他们对 Windows XP 进行了一定的技术修改，从而达到了“免激活”、“确保通过正版验证”、“集合最新漏洞补丁”、“去除无用冗余文件”、“增加精美系统主题”的功能。同时，“番茄花园”XP 光盘还附带了大量装机必备的常用软件，从而实现了“一键装机”的便利功能。不难想到，当这样的系统光盘被制作出来，受到网民欢迎是毫不意外之事。

“番茄花园”XP 光盘封面

洪磊等人最初并没有利用“番茄花园”XP 牟利的意思，而只是把作品放在了自己开设的“番茄花园”软件站（tomatolei.com，现已无法访问）上供无偿下载，并定期推出更新版本。其他一些优化组织基本都采取类似的方式，他们在此过程中所能赢得的收获一是技术的进益，二是自家网站人气以及作品知名度的提升。当然由于免费下载的原因，这些美化版的 XP 系统也很快被地下产业链看重并刻成光盘出售——这在日后也成了“番茄花园”的罪证之一。

2008 年，国际商业软件联盟（BSA）向中国国家版权局举报“番茄花园”XP 后，“高度重视”以及“迅疾行动”随之而来。据统计，此时全国至少有 1 000 万台计算机装有或曾经装过洪磊打造的系统。BSA 举报的理由同样是“侵犯软件著作权”，同时还附有洪磊以此牟利的证据。这些利润同样来自捆绑在“番茄花园”XP 光盘中的第三方商业软件，但是洪磊表示罪状中例如阿里巴巴竞价、3721、一搜、多多 QQ 表情、CNNIC、播霸网络电视等软件都是地下盗版机构下载了他的光盘后自行添加上去的。他确认安装并就此得利的插件只有雅虎助手、易趣网和百度的插件：

> 这些默认安装的软件，我现在就是雅虎助手、易趣网和百度的插件，全部都是他们找我的，最开始是3721原来负责软件的找我，想看看捆绑的效果，后来是四川一家公司，他们是易趣的代理，最开始我也只是抱着试试看的心理，效果一个星期就出来了，并且是越来越好，越来越好。
>
> 我现在的易趣插件，每天能给我带来70个用户注册。易趣它是按效果付费，用户注册了才算有效。雅虎助手的价格是搜索1 000次给10块钱，全球那么多番茄花园XP都是我做的，日积月累，现在一年半的时间，差不多就是现在每月10多万的收入。[1]

洪磊在2009年8月以“侵犯著作权罪”被判刑。“番茄花园”网站也随之倒闭关门。但是来自公安部门的这记重拳虽然强有力地杀伤了地下经济产业链，却很难对其构成致命打击。其原因除了我国的法制监管系统还在不同程度存在漏洞之外，也是由于前文所说的那种缺乏经典黑客群体作为“夹心缓冲层”的现实条件。当更多徒有技术的青年茫然投身骇客群体，却又得不到相应的文化熏陶和约束，就势必在名利的诱惑下朝向犯罪深渊滑落。

---

〔1〕 百度百科——番茄花园．http://baike.baidu.com/view/75258.htm.

红客是怎么诞生的

现在轮到我们来关心红客了。根据百度百科的解释："红客是一种精神，它是一种热爱祖国、坚持正义、开拓进取的精神。所以只要具备这种精神并热爱着计算机技术的都可称为红客。"[1]这一定义也许有点高屋建瓴。按本书的理解，我们不妨把红客视为"利用计算机技术为国家和民族而战的民间人士"。请注意保持红客的民间身份是比较重要的，否则我们就会把国家网络安全部队的战士们也算进去了。

"利用计算机技术为国家和民族而战"的情况显然在许多国家都有发生。上文中已经谈及过位于俄罗斯、东欧的那些对美国保持万丈怒火的青年程序员。而在烽火不绝的巴以战争中也同样拥有"电子圣战"这样的形式。但是在中国以外的地方，这些活动的参与者并不被称为"红客"。红客(以及其英文单词Honker)纯粹是一个富有中国特色的产物，这一名称是中国网民根据"黑客"(以及其英文单词 Hacker)创造出来的。这个词刚开始进入西方媒体视野中时还闹了笑话，因为中国香港的英文名称是"Hong Kong"，而香港人的英文名称又是 Hongkonger，由此包括美联社在内的主流媒体都错误地认定，Honker 指的是一个位于香港的黑客组织。

中国人把富有爱国热情的 Hacker 定名为"红客"绝非偶然。"红"在中国是一种具备悠久历史的喜庆之色。自 1949 年以来，它又为革命、解放等代表主流和正义的积极词汇作出了思想色彩上的注脚。而当人民了解到今天的美好生活是先烈们通过流淌鲜血换来的时候，"红"更是被赋予了一种动作层面上的意义，

---

〔1〕 百度百科——红客. http://baike.baidu.com/view/1956.htm.

即斗争、捍卫,并且不惧牺牲。中国加入互联网的时间虽然不是很早,中国黑客的技术起点相对于其他国家也稍显落后,但这并不能阻碍富有爱国传统和热情的中国人迅速在互联网上摆出“人若犯我,我必犯人”的强硬姿态,这批人需要一个响亮的名称,于是就成了“红客”。

“红客”的诞生只比中国黑客稍晚几年。1998 年 5 月,饱受东南亚金融危机困扰的印尼发生了严重的排华事件。许多华裔商人被暴徒杀死,商店被洗劫一空,一些华裔妇女惨遭蹂躏。虽然中国官方媒体并未过多展示细节资料,但大量惨绝人寰的图文信息凭借着互联网迅速展现在中国网民眼前。对此普通网民只能通过在论坛中唾骂来泄愤,而一些懂得入侵之道又同样血脉贲张的年轻人立刻决定以入侵印尼网站为手段进行报复。

这一系列进攻以 5 月为开端,至 8 月份达到顶峰。当时印尼政府主管电子技术的官员表示至少有上百个网站遭受攻击和破坏,其中十多个损失严重。而来自 8 月 7 日的强力攻击甚至导致印尼全国网络拥堵,连政府邮件系统都濒于瘫痪。红客们每攻破一个网站,就立即将主页换为自己早已设计好的页面。这些页面大部分设计成黑底红字,鲜明地写着“停止屠杀华人”、“严惩印尼暴徒”以及另一些厉声痛骂的字眼。而在此之外,五星红旗、国徽以及毛泽东等领袖头像也极其频繁地出现在这些页面上。这种与意识形态标志物的充分结合是红客有别于黑客的一个重大标志,并且在此之后也迅速成为了红客的代表性气质元素之一。

当印尼总统瓦希德于当年 12 月 1 日宣布废除“排华条例”后,红客随之欢庆胜利并减少了入侵活动。但这只是中国红客成长史中的一个开端而已。1999 年 5 月,以美国为首的北约空军悍然轰炸中国驻南联盟大使馆并造成多人死伤。早已经过“实战演习”的中国红客立即将包括美国白宫、驻华大使馆、能源部、内政部、立法会等网站设为敌对目标并予以攻击。由于此事在国内的影响远远超过印尼排华事件，而美国又是因意识形态原因长期成为中国民间鹰派假想敌的国家，因此红客群体一下得到了爆棚般的扩张和支持。大批脚本小子以及对入侵技术一无所知的普通网民凭借一腔热血要求参与战斗，红客概念就此开始遭到稀释和扩张：真正拥有技术的高手以单打独斗或小规模合作的方式入侵白宫、北约官网等“扎手”地点并成功更换了白宫网站的首页。而大批热血“红客”则凭借着临时掌握的傻瓜型“电子邮件炸弹”向其余目标推送大量信息流，以期达到挤垮对方承受能力直至宕机为止的目的。红客的行为立刻受到了美国媒体的极大关注，并很快招来了美国黑客的还击。

在此之后，红客的网络复仇开始成为当中国利益在国际上受损时所必然引发的一种常态行为。比如 1999 年 7 月，李登辉公然抛出“两国论”之后，台湾“国民大会”、“行政院”、“监察院”、“台湾新闻处”、“中华日报”等处的计算机网络立刻遭到了红客们的攻击。2000 年 1 月，日本右翼公然叫嚣“南京大屠杀是 20 世纪最大的谎言”，红客随即入侵日本总务厅、科技厅以及三菱重工等网站，在网页中央高挂中国国旗，并在下面附上“打倒日本帝国主义”、“灭绝日本鬼子”等口号。2006 年，韩国将中国传统的端午节成功申报为本国“世界文化遗产”，也立即招致了来自红客的打击报复。这种“利益受损”的概念还渐渐扩展到不限于国家层面的地步。比如 2010 年，百度疑似遭受伊朗黑客“域名劫持”之后，红客同样对伊朗网站进行了报复性还击。

在这一系列事件中最为著名的则是 2001 年因中美南海撞机事件而引发的网络大作战。这年 4 月 1 日，美国海军一架 EP-3 侦察机在中国海南岛东南海域上空活动。中国空军则动用两架战斗机对其跟踪监视。在此过程中 EP-3 侦察机突然向中方飞机转向造成相撞，导致一架中方飞机坠毁，飞行员失踪。这一涉嫌肆意侵犯他国领空的行为，加上美国政府和媒体给出别种说辞的做法，引爆了素来蕴藏在中国民间的反美情绪，随即导致了红客群体的集中式大爆发。在此次活动中涌现了以“中国红客联盟”（cnhonkerarmy. com）、“中国鹰派”（chinaeagle. org）以及“中国黑客联盟”（chinahacker. com）为主的若干具体组织。攻击活动自4月起陆续不断，并在5月第一周达到顶峰——因为当时正值中国“五一”七天长假，并伴随展示青年力量的五四青年节。美国方面的反应也并不仅限于媒体，以Poizonbox为主的黑客组织以及一些零散黑客对中国网站进行了较大规模的反击，甚至连台湾网站也未能躲过“流弹”。虚拟的战火还点燃了周边国家黑客们同样不甘寂寞之心。包括沙特、巴西、阿根廷和马来西亚的黑客选择站在了美国一边，而中国则获得了来自韩国、日本以及数年前还剑拔弩张的印尼高手们的支持。从战果而言，中美各有数百家网站遭袭，具体比例约为3∶1。但由于双方不约而同的展示出点到即止的默契，因而大部分网站甚至白宫的损失均仅限于首页被替换而已，并且以.edu结尾的教育类网站受到了绅士般的庇护。

在红客看来，他们与黑客存在明显不同。黑客对政治以及民族情感方面的淡漠几乎使他们变成了“祖国的陌生人”，这在红客看来是难以理解甚至不可饶恕的。而在黑客眼中，红客也同样存在问题，最明显的表现莫过于对情感性因素的关注大大超越技术本身，从而产生了一个对后者性质或曰立足点上的质疑：红客究竟是黑客群体中的爱国者，还是民族主义阵营中的技术员？在进攻印尼网站的时代，尽管红客人数少，技术差，但毕竟还可以算成是一场“技术”领导下的斗争。可是当日本、美国、韩国这些素来被民间视为具有敌对或厌恶情绪的国家成为斗争对象后，红客就开始突破了原有技术团体的性质，转变为一场场全民狂欢的策划者。他们将“冰河”、“流光”之类设计精良的黑客武器分派到大量对技术知识一知半解的网民手中，指望通过人海战术来压倒那些由精良安防程序负责维护的网站并获取胜利。这种"乱拳打死老师傅"的进攻方式并不完全符合黑客的理念——后者出于挑战技术的目的，显然更喜爱单打独斗般的"决战紫禁之巅"。此外，红客的战斗往往更在乎能杀灭多少敌手，对本国无辜网站因报复性入侵而造成损失往往来不及救助。这一做派或许可以算成一种类似极端民族主义的战斗理念，即为了达成一个伟大的结果，不必过于顾及个体的牺牲。

相比黑客而言，红客群体在技术方面呈现一定的劣势。虽然各大红客组织中并不乏高手坐镇，但这些核心成员与其下属以及拥趸之间的实力差距恐怕要以指数级别来形容。根据《中国黑客内幕》一书的记载，2001 年曾有大量红客试图通过集体使用针对白宫的 PING 命令让后者瘫痪。PING 是一个通过发送数据包检测两端计算机之间通信是否顺畅的协议。在红客们通过自己的计算机向白宫网站发出 PING 命令后，渐渐真的发现响应速度越来越慢，于是不禁弹冠相庆。孰料白宫网站其实并未就此受到什么损失，访问速度变慢乃是因为大量数据包首先在中国电信的国际出口处造成了堵塞所致。[1] 又曾有一队红客选择在网吧里对日本网站发起攻击，但没多久即遭遇报复性反击，以致"整个网吧的 50 多台机器全部蓝屏死机"[2]。

红客群体的表现中为人诟病的还有外语问题。当某个国外网站被攻破后，红客们急急换上的首页中往往充斥着颇为蹩脚的英语。例如在 2001 年"中美黑客大战"中被红客修改的白宫网站首页即大书"We Chinese super hacker"、"You president

〔1〕 陈细木.中国黑客内幕.北京:民主与建设出版社,2001:21—22.

〔2〕 红客攻击日本网站　遭日网安部门反击损失大.http://www.ce.cn/cysc/it/home/net/200507/04/t20050704_4114556.shtml.

dope”这样的病句。另一个被红客修改的伊朗网站(iribu. ir)上则语病百出地写着:“China do not hear any foreign hacker! The big national power spurs strong corps! We are Oppose the special prganization of IR.”此外被引为笑料的红客宣言还包括“I English not good”之类自谦语句。虽说作为中国人并没有必要掌握精到的英语语法,但是这一技能对于钻研完全依赖英语构建的程序语言的人来说却是最基本的要求。因而红客频频冒出英语语病立刻能够让行家看出这些入侵行为之所以能够得手,恐怕很大程度上是借助他人软件之力所致。而他们硬着头皮也要用英语示威显然是接受了先前的教训——在非中文系统中输入汉字字符一般都会显示为乱码。

其实黑客并非对发生在身边的家国大事完全无动于衷。他们中也有很多人(如小榕)参与了红客的行动,只是往往并不主动声张战绩。这其中不排除有黑客是借机寻求实战来锻炼技术,但更多有着大小名望的黑客则是由于自重身份,不愿意跟随这些在他们看来还少不经事的红客们瞎搅和。此外还有一个原因,就是很多成名黑客在大洋彼岸多少有一些技术上的朋友,因此公然站出来实施攻击会坏了“江湖道义”。其实在美国方面也有类似的情况,老牌黑客组织如 Genocide2600、Milworm 等均未插手此事,而 Poizonbox 只是一个不出名的小团体而已。而且美国黑客也不是怀着与红客类似的心理投入战斗的。他们的行动更多只是代表着自己。一个例子是,当时上海的知名网站乐趣园(netsh. com)遭受攻击,黑客并没有在首页放上华盛顿或林肯的头像,也没有竖星条旗,只是写了一句富有幽默感的话:“这个站点现在去度假了。”另外还有美国黑客会选择在主页上放置一段迪斯尼经典动画“猫和老鼠”的视频,用来暗指他们与网站管理员之间的关系。

红客是不是网络义和团

红客群体对民族利益的高调“维权”不得不使人想起一百多年前发生在中国大地上的义和团运动。虽然后者存在着迷信、排外、忠君之类落后甚至错误的思想，但在刨去这些因素后从整体上对两者进行关照，确实能够发现它们有着极其相似的发展结构模型：(1)背景：民族利益受到伤害；(2)起源：民间组成斗争团体；(3)过程：手段和方式存在可商榷之处；(4)结局：接受主流势力的收编。为此，如今将红客视为“网络义和团”的声音并不罕闻。

由于时代和政治思想环境的发展，在红客身上当然不存在义和团的上述局限性，否则的话他们首先要做的就应该是捣毁PC而不是将之作为武器。但是从义和团到红客保持不变的是一种强烈的民族主义情绪。这一情绪自1840年中国被迫结束闭关锁国，朝野得以“开眼看世界”后萌芽，随即在一次次战败、割地、赔款的屈辱命运中不断酝酿膨胀。而与义和团相比，红客对民族主义更上一层楼的青睐在于后者是事实上使新中国得以建立的思想旗帜之一。这一背景既导致红客对民族利益的受损变得尤为敏感，也使得他们对再次战胜外敌充满信心。

民族主义是当代所有意识形态中最不依赖繁琐理论的类型，所以它传播地域广、最能抓住普通民众的心。[1] 而互联网又以其便捷的交流方式使得上述特点被进一步放大，这是红客群体得以在短时期内实现成员规模急剧膨胀的思想和技术前提。红客的进攻以技术为基础而在国家和民族利益层面展开，

〔1〕 刘军宁.民族主义四面观.http://wenku.baidu.com/view/6e77944acf84b9d528ea7a75.html.

成功实现“入侵”、“宕机”或“修改主页”在红客看来更多是一种文化而非技术视野里的胜利——假如发射弹弓能换来同样的效果，他们对程序代码的热情也许就会随之下降。在这种情况下必然伴随出现的就是为黑客所诟病的“简单胜于复杂”、“群殴胜于单挑”、“结果胜于过程”。

由于思想立场以及对技术定位的不同，红客同样作为一种亚文化却呈现出了与黑客、骇客大相径庭的面貌。在红客这里，技术被注重用于捍卫民族利益而不是实现趋于普世价值的“自由”或“娱乐”。比如中国红客联盟在其网站上确定的行为原则就是：“凡是与中国过不去的，我们就下山；凡是要损害中华民族利益的，我们将出动……”[1]这样的理念显然宣告了如“推动分权、质疑权威”之类黑客信条很难在红客这里获得认同。此外由于技术本身在红客心目中只是一种借助手段而非哲学灵魂，因此也难以指望这一群体会在程序设计、软件开发等领域作出太过明显的贡献。

红客群体的另一焦点问题在于如何处理与主流文化的关系。在此他们的表现同样与黑客和骇客迥异。由于民族主义往往就是所在国家主流文化的代表，因此红客不会有任何与主流势力发生冲突或进行对抗之心——以上“中国红客联盟”的行为原则就是最好的例证。非但如此，红客甚至往往表现出比主流势力更急于维护民族利益的心态，这使得他们获得了一种新型的亚文化特色，从而避免了被主流文化直接吞没的结局。

这种特色就是红客开始摆脱技术主义的牵绊，日趋呈现民族主义锋芒，从而使得它的技术优势具备了“双刃剑”的效果。从积极的方面看，它可以算作是民间情绪的一个良性宣泄点。

---

〔1〕 中国红客联盟——我们的宗旨. http://www.cnhonkerarmy.com/purpose.htm.

当并不平静的社会热力拥有一个外部出口时，红客行为可以为稳定社会大局起到合理作用。但从消极的方面看，红客也可以成为社会秩序不安定的导火索。特别是其行动往往是在外部势力对民族利益造成损害（至少红客本身这么认为）后开始酝酿的，因此它在带有很强的鼓动性和战斗力之外，也必然伴生强大的破坏甚至逆变可能——简单地说，既然红客行动已经在很大程度上激起了民意，那么对之的阻挠可能会引发强烈的反作用力。

还有一点是，红客以民间身份而为民族请命的行为在西方媒体眼中往往会被视为国家力量的另类输出，他们纷纷以技术手段让境外网站升中国国旗、奏中国国歌，并高调宣称“犯我强汉者，虽远必诛”等口号的行为不免让国际社会对“中国威胁论”的理解又加上了一重注脚。

红客的这些特点导致它们虽一心“忠诚”却很难被主流势力接纳。对后者来说，以瓦解的方式进行收编是在处理红客问题上值得使用的策略。收编的第一种方式就是解散，比如中国红客联盟自 2000 年建成后即因为过于显眼而多次被迫解散，对此其官方网站上是这样介绍的：“红客联盟由创始人 Lion 创建，经历了 2001 年中美黑客大战，一战成名，随后在 2004 年的最后一天宣布解散，鼎盛时期会员到达 8 万之众！2005 年由中国红客联盟前核心冰儿再次重新组建红客联盟对日本进行自卫反击战，维护祖国尊严，誓死保卫祖国网络领域不受到侵犯。反击结束后，由于国家的强制性措施导致红盟被迫关闭。”[1]这种强制性的措施自然附带合理性的解释，其中最有说服力的就是“涉嫌违法”。停留在口头上的情绪宣泄不会遭遇什么压力，但是，将之通过技术手段反映到其他国家计算机的屏幕上就无疑触犯了

〔1〕 中国红客联盟郑重警告. http://www.cnhonkerarmy.com/news14.htm.

法律——即便只是更改首页也无法改变其性质。

收编的另一种方式是促成转型。这一手段其实也适合红客群体的自身特点:他们既然声称为复仇而生,那么其存在的前提就是有一个假想敌的存在。但是,在中国已经将“和平崛起”作为治国纲领的前提下,刀光剑影、剑拔弩张的政治局面注定将会很少出现。而当和平局面过长时,大批因临时热血沸腾而加入红客的普通网民自然会选择退出。而在整体规模缩水的条件下,将自身转变为能在和平时期安逸存在的组织显然是有利于生存的最好办法。这方面的转型其实已步入实践阶段,比如多次重建的“中国红客联盟”现在选择了将安全技术研究作为网站主旨,“中国鹰派”转型为“鹰眼安全文化网”,而“中国黑客联盟”则成为安全信息以及相关软件的交流咨询平台。这种转型至少从表面上看使得红客更具备了一些黑客特征。但这两者能否在更大程度上取得共同点,仍需要依靠实践来进行检验。

主要参考文献

1. 胡泳,范海燕.黑客:电脑时代的牛仔.北京:中国人民大学出版社,1997.

2. 姜奇平.21 世纪网络生存术.北京:中国人民大学出版社,1997.

3. 郭良.网络创世纪:从阿帕网到互联网.北京:中国人民大学出版社,1998.

4. 陈细木.中国黑客内幕.北京:民主与建设出版社,2001.

5. 古风.中国黑客.上海:学林出版社,2004.

6. 段永朝.比特的碎屑.北京:北京大学出版社,2004.

7. 李彦.IT 通史:计算机技术发展与计算机企业.北京:清华大学出版社,2005.

8. 吴伯凡.孤独的狂欢:数字时代的交往.北京:中国人民大学出版社,2007.

9. 吴兴民.秩序、冲突与转变:黑客群体的日常生活实践研究.北京:知识产权出版社,2010.

10. [美]西奥多·罗斯扎克.信息崇拜.苗华健,陈体仁,译.1 版.北京:中国对外翻译出版公司,1994.

11. [美]比尔·盖茨.未来之路.辜正坤,译.1 版.北京:北京大学出版社,1996.

12. [芬兰]李纳斯·托沃兹.乐者为王.王秋海等,译.1 版.北京:中国青年出版社,2001.

13. [英]约翰·诺顿. 互联网:从神话到现实. 朱萍,茅庆征,张雅珍,译. 1 版. 南京:江苏人民出版社,2001.

14. [芬兰]派卡·海曼. 黑客伦理与信息时代精神. 李伦,魏静,唐一之,译. 1 版. 北京:中信出版社,2002.

15. [美]盖·哈特·戴维斯. 因特网盗版技术内幕. 李志淳,译. 1 版. 北京:电子工业出版社,2002.

16. [英]塔里克·阿里,苏珊·沃特金斯. 1968 年:反叛的年代. 范昌龙,译. 1 版. 济南:山东画报出版社,2003.

17. [美]迪克·赫伯迪格. 亚文化:风格的意义. 陆道夫,胡疆锋,译. 1 版. 北京:北京大学出版社,2009.

18. [美]安德鲁·基恩. 网民的狂欢:关于互联网弊端的反思. 丁德良,译. 1 版. 海口:南海出版公司,2010.

19. [美]丹尼尔·莱昂斯. 乔布斯的秘密日记. 刘宁,译. 1 版. 北京:中信出版社,2010.

20. [英]安德鲁·查德威克. 互联网:国家、公民与新传播技术. 任孟山,译. 1 版. 北京:华夏出版社,2010.

21. [美]保罗·格雷厄姆. 黑客与画家. 阮一峰,译. 1 版. 北京:人民邮电出版社,2011.

22. [澳]赛利特·德累福斯. 维基大战前传 1:阿桑奇和他的黑客战友. 陈静,译. 1 版. 北京:世界图书出版公司,2011.

23. [美]凯文·凯利. 失控:全人类的最终命运和结局. 东西文库,译. 1 版. 北京:新星出版社,2011.

24. [美]史蒂芬·利维. 黑客:计算机革命的英雄. 赵俐,刁海鹏,田俊静,译. 1 版. 北京:机械工业出版社,2011.

图片索引

cn/it/2009—05—27/09573128591.shtml).

11. 第 77 页,IBM PC,Donews(http://www.donews.com/it/201108/572306.shtm).

12. 第 88 页,Google 的免费在线电子表格程序,Google(http://www.google.com/google-d-s/intl/zh-CN/spreadsheets/).

13. 第 96 页,黑帽大会,CNW 网界(http://www.cnw.com.cn/weekly/htm2009/20090812_179851.shtml).

14. 第 96 页,DEFCON 黑客大会,小熊在线(http://bak1.beareyes.com.cn/2/lib/200508/02/20050802128.htm).

15. 第 97 页,DEFCON 黑客大会上的开锁游戏,百度百科(http://wenku.baidu.com/view/0e7111d180eb6294dd886c60.html).

16. 第 104 页,"蓝盒子"盗打电话演示图,Dailymobile(http://forum.dailymobile.se/index.php? topic=45315.0).

17. 第 110 页,"冰河"界面截图(自制图片).

18. 第 112 页,IE 被强奸图,腾讯网(http://games.qq.com/a/20060404/000183.htm).

19. 第 128 页,Anonymous 成员一律以假面示人,滨州传媒网(http://www.bzcm.net/youxi/2011—04/22/content_421820.htm).

20. 第 133 页,Fido 站点界面截图,科技中国网(http://www.techcn.com.cn/index.php? edition-view-152411—1.html).

21. 第 145 页,"流光"界面截图(自制图片).

22. 第 152 页,黑客/病毒产业链示意图(自制图片).

23. 第 153 页,"灰鸽子"产业链示意图,网易科技(http://tech.163.com/07/0316/00/39LS1J5P00091EDH.html).

24. 第 154 页,“灰鸽子”界面截图(自制图片).

25. 第 156 页,被攻破的“证券大盗”网站首页截图,电脑时代在线(http://www.pcvz.com/news/net/200412/news_16938.htm).

26. 第 157 页,中了“熊猫烧香”病毒后的桌面图标,百度百科(http://baike.baidu.com//view/697258.htm).

27. 第 159 页,珊瑚虫版 QQ 页面截面(自制图片).

28. 第 161 页,“番茄花园”XP 光盘封面,IT 人(http://news.itren.cn/content.asp?id=62025).

IT及黑客大事年表

1943年　IBM总裁托马斯·沃森表示，整个世界拥有五台计算机就已经足够了。

1946年　2月，人类第一台电子计算机埃尼阿克(ENIAC)在美国诞生。

1950年　史蒂夫·沃兹尼亚克生于美国。

1952年　IBM研制出第一台商用大型机IBM701。

1953年　理查德·斯托曼生于美国纽约。

1954年　11月8日，《光明日报》发表中国大陆第一篇对计算机的报道《漫谈计算机》。

1955年　比尔·盖茨生于美国西雅图。
史蒂夫·乔布斯生于美国硅谷。

1957年　肯·奥尔森创办DEC公司。

1958年　8月，中国造出第一台通用型数字电子计算机，代号“103”。

DEC 公司推出 PDP-1 小型机。 1960 年

肯・奥尔森向麻省理工学院捐赠 PDP-1 小型机。 1961 年

达特茅斯学院两位研究人员约翰・凯默尼(John George Kemeny)和托马斯・库尔泽(Thomas Eugene Kurtz)发明了 BASIC 语言,主要用在小型机上。 1964 年
凯文・米特尼克生于美国洛杉矶。
弗拉迪米・莱文生于俄罗斯圣彼得堡。

DEC 公司推出 PDP-8 小型机。 1965 年
纳尔逊提出超文本概念。
罗伯特・莫里斯生于美国。

IBM 推出世界上第一张软盘,直径 32 英寸。 1967 年

阿帕网诞生。 1969 年
李纳斯・托沃兹生于芬兰。

1 月,Intel 公司推出世界上第一个微处理器 4004。 1970 年

肯・汤普森创造了 Unix 操作系统。 1971 年
雷・汤姆林森创造了 E-mail。
黑客鲍勃・托马斯写出了早期的蠕虫程序。
朱利安・阿桑奇生于澳大利亚。

肯・汤普森和丹尼斯・里奇创造了 C 语言。 1972 年
雷・汤姆林森为 E-mail 确立@标记。

加拿大“自动电子系统公司”推出第一台带有显示器的计算机 AES-90。

加里·基尔达尔提出把电脑存储系统分为 A、B、C……各个系统区。

Intel 公司造出 8008 处理器。

美国伯克利市的一群黑客建立了“资源一号”社区计算机公用设施。

中国著名黑客小榕出生。

1973 年　IBM 推出世界上第一块硬盘 IBM3340，容量 60MB。

施乐公司的帕罗奥多研究中心开发出世界上第一台带鼠标和可视化图形界面的计算机。

1974 年　Intel 公司造出 8080 处理器。

1975 年　MITS 的罗伯茨造出早期 PC“牛郎星 Altair8800”，售价 397 美元。

施乐公司造出“阿尔托”，是世界上第一台带键盘、显示器、鼠标和图形窗口界面的 PC。

微软公司成立。

1976 年　3 月 1 日，苹果公司推出苹果 Ⅰ 型 PC。

苹果公司成立。

罗伯茨将 MITS 公司卖给了 PERTEC 公司。

1977 年　4 月 23 日，清华大学、四机部六所、安庆无线电厂联合研制成功我国第一台 PC，代号 DJS 050。

苹果公司推出苹果 Ⅱ 型 PC。

2 月 16 日,芝加哥的沃德·克里斯蒂森和瑞迪·苏斯创造了 BBS 系统。 1978 年
Intel 造出 8086 处理器。
Unix 操作系统实现了跨平台的可移植性安装。

NEC 推出日本第一台 PC,代号 NEC-8001。 1979 年

10 月 27 日,阿帕网因遭遇蠕虫病毒而停止运行。 1980 年
12 月,美国修改专利法,软件正式成为受法律保护的商品。
SONY 推出世界上第一张 3.5 寸软盘。
希捷公司制造出第一款 PC 硬盘。
贝尔实验室的本贾尼·斯特鲁普(Bjarne Stroustrup)创造了 C++语言。

4 月,亚当·奥斯本(Adam Osborne)联合李·费尔森斯坦推出世界上第一款便携式计算机。 1981 年
Intel 公司造出 80286 处理器。
IBM 推出 PC 产品。

康柏(Compaq)公司成立。 1982 年
SUN 公司成立。

9 月 5 日,《新闻周刊》发表文章《小心:黑客在行动》。 1983 年
阿帕网网络控制协议由 NCP 变更到 TCP/IP。
飞利浦与 Sony 两家公司联合开发出 CD-ROM 设备。
中国电子部六所开发出 CCDOS,即中文界面操作系统。
《黑客字典》发行实体版。
基于 PC 的 BBS 系统 RBBS-PC 诞生。

DEC 公司宣布不再为 PDP-10 这样的老机型提供后续服务。
佛瑞德·科恩提出“计算机病毒”概念。

1984 年 1 月，理查德·斯托曼开始创立 GNU 工程。
1 月，苹果推出 Macintosh 机型。
11 月，世界首届黑客大会在旧金山召开。
11 月，史蒂芬·利维推出黑客研究著作《黑客：计算机革命的英雄》。
艾里克·科力在纽约创办黑客杂志《2600：黑客季刊》。
欧洲黑客开始举办自己的年度大会即“混沌通讯大会”。
AT&T 公司被拆分，Unix 开始转为商业化软件。

1985 年 10 月 1 日，理查德·斯多曼创立了“自由软件基金会”。
Intel 公司推出 80386 处理器。
微软公司推出 Windows1.0。
“骇客”概念被提出。

1986 年 思科公司在硅谷推出了第一款路由器。

1987 年 9 月 20 日，钱天白教授发出了中国第一封 E-mail 邮件，主题为“跨越长城，走向世界”。
11 月，中国电信在广州建立了我国第一个模拟移动电话网，正式开办移动电话业务。
12 月，微软推出 Windows2.0。
中国科学院高能物理研究所通过低速的 X.25 专线第一次实现了国际远程联网。
我国破获第一起计算机犯罪大案（某银行系统管理员利用所掌管的计算机，截留贪污国家应收贷款利息 11 万余元）。

第一台国产的286微机——长城286正式推出。

11月2日，莫里斯蠕虫病毒爆发。 1988年
长城386计算机问世。
计算机病毒开始传入我国(据《计算机世界》报道，在我国统计系统内部，多台IBM PC及其兼容机的MS-DOS系统通过软盘感染上了“小球病毒”)。

7月，求伯君推出WPS1.0，中文字处理软件从此诞生。 1989年
我国第一个大学校园计算机网在清华大学建成，并开通了Internet电子邮件通信。

6月，微软推出windows3.0。 1990年
长城486计算机问世。
阿帕网退出历史舞台，此时它连接着30万台主机，900多个网络。

8月，蒂姆·伯纳斯-李发明万维网技术。 1991年
8月，李纳斯·托沃兹写出Linux。
朱利安·阿桑奇入侵加拿大电信公司“北方电讯”设在墨尔本的主机后被捕。

1月7日，中美就知识产权保护问题签署谅解备忘录，3月17日生效。我国开始遵照国际公约对计算机软件进行保护。 1992年
李纳斯·托沃兹宣布Linux加入GPL阵营。
Intel公司推出486处理器。

1993 年

3 月 2 日，中国科学院高能物理研究所租用美国 AT&T 公司接入美国 SLAC 国家研究所的第一根 64KB 专线开通，成为我国接入互联网的第一根专线。高能所连上网络后几天，主页迅速遭到攻击，成为我国第一起网络黑客案件。

美国黑客马克·安德森编写出“马赛克”(Mosaic)浏览器，并随即创建了网景公司。

1994 年

4 月 20 日，钱华林主持的中国 NCFC 工程第一根 64KB 国际专线开通，标志着中国正式接入了国际互联网。这一天也被定为了中国电信日。

在法国的许榕生、在美国的樊岗和在北京的安德海通过 Internet 共同建立了中国第一个网站。

Intel 公司推出 586 处理器(奔腾)。

弗拉迪米·莱文入侵花旗银行网站并转移了 1 070 万美元。

1995 年

8 月 8 日，建在中国教育和科研计算机网(CERNET)上的水木清华 BBS 正式开通，这是中国大陆第一个 Internet 上的 BBS。

8 月 24 日，微软推出 Windows95 操作系统。

SUN 公司的詹姆斯·高斯林(James A. Gosling)创造了 JAVA 语言。

1997 年

龚蔚创办中国最早的黑客组织“绿色兵团”。

1998 年

6 月，康柏收购了 DEC 公司。

8 月，中国黑客集体攻击印尼网站，标志着“红客”登场。

9 月 7 日，Google 公司成立。

Coolfire 开始撰写黑客入门教程。

中国黑客袁仁广开始了自己寻找 Windows 共享漏洞的生涯。

1 月,“绿色兵团”在上海召开中国黑客大会。 1999 年

5 月,中国红客攻击以美国为代表的北约网站。

8 月,中国红客攻击台湾网站,抗议李登辉发表“两国论”。

黄鑫开发出国产木马软件“冰河”。

4 月,黄鑫宣布不再开发“冰河”后续版本。 2000 年

腾讯在 AOL 公司要求下将 OICQ 改名为 QQ。

4—5 月,中美黑客大战。 2001 年

葛军开发出“灰鸽子”木马。

陈寿福开始制作珊瑚虫版 QQ 软件。

洪磊开始制作“番茄花园”XP 光盘。 2003 年

3COM 公司发起成立 Zero Day Initiative 项目组。 2004 年

“证券大盗”木马在中国泛滥。

12 月,朱利安·阿桑奇建立了“维基解密”网站。 2006 年

1 月,“熊猫烧香”病毒肆虐中国大陆。 2007 年

2 月 12 日,“熊猫烧香”病毒制造者李俊被捕。

3 月,“灰鸽子”工作室宣布关闭。

“灰鸽子”软件出现功能强大的 2007 版。

2008 年　骇客组织 Anonymous 开始受到媒体关注。

珊瑚虫版 QQ 作者陈寿福因侵犯腾讯著作权被判刑三年。

2009 年　8 月，“番茄花园”网站倒闭。

2010 年　1 月 12 日，百度网站遭到疑似伊朗黑客的“域名劫持”进攻。

7 月 26 日，“维基解密”在网上公开 9.2 万份的驻阿美军秘密文件。

10 月，“维基解密”网站公布 40 万份美军伊拉克战争秘密文件。

2011 年　10 月 5 日，史蒂夫·乔布斯在美国逝世。

10 月 9 日，丹尼斯·里奇去世。

后记

能获得邀请撰写本书是我的荣幸。

作为一名文科出身的非专业人员，本来不该如此越俎代庖地尝试撰写这类充满技术色彩的图书题材。但是好在本书的定位是从亚文化角度描述黑客群体的文化理念，不必对编程技术以及入侵过程做详细的描述，这使得我在一番斟酌后决定接受挑战。

但是，即便选择文化角度来描述黑客依然是个艰巨的任务。黑客是一个比较隐秘的群体，特别在中国由于文化环境的关系更是如此，这导致试图理解他们的真正文化追求变得困难重重。本来媒体报道应该是一个很好的参考渠道，但不幸的是，偏偏在黑客问题上媒体本身也存在着一定偏颇，因此很多相关报道非但不能直接援引，甚至被本书拿来做了反面教材。

作为一种亚文化，黑客活动注定存在一些不合常理之处。这一点尤其表现在黑客中被称为“骇客”的那一批人身上。从主流世界的法律角度看，骇客无疑等同于计算机犯罪分子。但倘若仅仅将观察力度局限于此，那么骇客与黑客就成了截然不同的两类人。前者非但被剥夺了一切可能存在的文化因子，同时也导致两者变成了泾渭分明的集合——拥有文化精神的黑客绝对不会犯法，否则就成了毫无技术理念的罪人骇客。这显然于情于理都无法解释得通。

黑客中转型成为 IT 巨子的那一批人同样值得尊敬。虽然他们在被主流商业文化包裹之后不得不部分或悉数放弃了原有的文化理念，却也开始了在创造物质财富道路上的辛苦征程——他们对IT经济文化繁荣的努力显然为构建黑客所需的“天才社会”打下了坚实基础。当然，那些能够将黑客文化与主流商业秩序成功熔为一炉的黑客创业者们无疑更值得赞赏。如苹果公司的乔布斯、Google公司的佩奇和布林以及Facebook公司的扎克伯格都是这方面的杰出代表。就在本书即将封笔之时，史蒂夫·乔布斯在56岁上英年早逝。对他的悼念活动已经席卷全球，上到美国总统奥巴马发表声明，下至平民百姓为之惋惜，连中国中小城市的都市报纸都不惜奉献头版加以报道。如此规模的隆重祭奠当然是冲着乔布斯为全世界作出的杰出技术文化贡献，这不是任意一个同等身家的商界富豪能在身后得以享受的。某种程度上，这就是全世界民众对黑客精神的一种颂扬。

至于红客，它显然脱胎于黑客，但是随着时代的发展却在文化理念方面与黑客渐行渐远。其中最明显的差异表现在对技术的定位上。在黑客心中，技术是其哲学灵魂。但在红客这里，技术的功利性或工具性就要更明显一些。不过虽然如此，红客却依然值得研究，因为它在很大程度上是一种中国的特产。虽然用技术为国家和民族而战在全世界不乏其例，但是当中国网民选择用另一套文化范式为他们命名——并且“红”本身具有强烈的象征意味——之后，遂立刻凸显了这一群体的独特之处。在中国黑客尚无法成为世界范围内举足轻重力量的时候，能够涌现出“红客”这样的别样发展类型，也是为黑客源流的多样性作出了自身的贡献。

总而言之，能够加入这套“新媒介与青年亚文化”丛书的编写组让我倍感荣幸。除了上述的专业跨界障碍之外，我的不足之处更在于学术资历的浅薄。相比编写组其余各位均在象牙塔内执掌教鞭的博学之士，我只是在商业性网站中担任编辑一职。这非但会在理论深度层面造成自己的缺失，更容易因沉浸在商业文化气氛中丧失对黑客这类亚文化群体进行深入观察分析的视角。因此，我也必须在此为书中可能存在的各种不足提前向读者们致歉。你们的督促与鞭策将引导我在今后努力奉献更好的作品。

我必须感谢这套“新媒介与青年亚文化”丛书的负责人，苏州大学凤凰传媒学院的马中红教授。是她不拘一格将我列为课题组成员。我深以能与她以及其余诸位师友并肩合作为荣。

我也要感谢我的同事和朋友王勤、付宇欢、丁利平等人。他们从专业技术角度为我解决了很多疑惑，并提供了大量有价值的信息。没有他们的贡献，本书将很难完成。

我当然更要感谢苏州大学出版社的吴培华、李寿春、欧阳雪芹等领导和编辑。正是在他们的不断督促下才使得本书从一团想法逐渐化为章节分明的文字。而编辑们严谨的编辑校对、精美的装帧设计无疑让本书更具吸引力。

最后我要感谢我的父母。他们总是全力支持我的工作和选择，我为自己能将这部书作为一份小小礼品奉献给他们感到由衷的高兴。

顾亦周

2011 年 10 月 12 日